Kurt Tepperwein

Selbstbewusstes Selbstvertrauen

Kurt Tepperwein

SELBST BEWUSSTES SELBST VERTRAUEN

SILBERSCHNUR VERLAG

ISBN: 978-3-96933-039-5

1. Auflage 2023
2. Auflage 2024

Umschlaggestaltung & Satz: XPresentation, Güllesheim; unter Verwendung eines Motivs von © BiZkettE1, freepik.com
Druck: Finidr, s.r.o. Cesky Tesin

Verlag »Die Silberschnur« GmbH · Steinstr. 1 · 56593 Güllesheim
www.silberschnur.de · E-Mail: info@silberschnur.de

INHALTSVERZEICHNIS

Vorwort 9

Bewusstwerdung in 5 Schritten 15

Schritt 1 »Ich habe einen Acker«: Sich bewusst zu sein, dass man sich selbst und dem Leben zu wenig vertraut und zutraut 15

Schritt 2 »Jäten«: Ausrichtung ändern 20

Schritt 3 »Düngen«: Aufmerksamkeit bewusst ausrichten 24

Schritt 4 »Die Saat«: Handeln, Umsetzen, Tun 30

Schritt 5 »Die Ernte«: Zukunft kreieren 32

Auf der Suche 34

Praxis 40

So hilfst du dir selbst 40

Auf dem Weg zum Selbstvertrauen 46

Was bin ich mir wert? 64

Alle wichtigen »Selbst«-Aspekte auf einen Blick 82

Was dich schwächt 95

Kommunikation leicht gemacht 102

Die Kunst der Entscheidung 106

1. Das Bauchgefühl 113

2. Signale 125

3. Die Botschaft 127

4. Gegebenheiten prüfen 128

5. Abhängigkeiten analysieren 130

6. Vergangenheit prüfen 134

7. Visualisieren und imaginieren 136

8. Umsetzen. Handeln. Tun. 137

9. Genießen 138

Selbstsicher auftreten, selbstsicher sein 140

Zum Schluss 147

Über den Autor 151

VORWORT

Selbstvertrauen, Selbstbewusstsein, Selbstwert und Selbstimage sind Begriffe, die mich seit vielen Jahren begleiten. Schon oft habe ich mich diesen Themen gewidmet und diesbezüglich in vielen Seminaren und Büchern meine Erfahrungen einfließen lassen. Es sind Eigenschaften, nach denen der Mensch strebt, auf die er achtet oder die er erlangen will. Wie weit dies möglich ist und was es mit all diesen Eigenschaften auf sich hat, möchte ich in diesem Buch erläutern. Gerade in der Jetztzeit ist es nötiger denn je, Vertrauen in sich selbst zu haben und nicht ständig in Zweifeln und Sorgen zu leben. Leichter gesagt als getan, aber wir müssen alles daransetzen, um endlich zu uns zu erwachen. Wir müssen erwachsen werden und die Kinderschuhe gegen die Schuhe eines Bewussten austauschen. Es ist an der Zeit, sich auf das Wesentliche zu konzentrieren und weltumspannend zu denken. Auch wenn das Leben nicht einfach ist und alles immer schwieriger scheint:

Das Leben wird bestimmt nicht einfacher, wenn wir uns nicht verändern und altbekannte Wissensschätze und Weisheiten weiterhin ignorieren. Das Leben verändert sich mit uns mit und deswegen braucht es Veränderung. Diese braucht es aber nicht im Außen, sondern in uns selbst.

Warum sind Menschen, wie sie sind? Warum gibt es Menschen, die voller Selbstvertrauen und solche, die zögerlich und zurückhaltend sind? Warum gibt es Erfolgreiche und Reiche oder eben auch welche, die immer noch auf der Suche sind und ihr Leben irgendwie nicht auf die Reihe bekommen? Ist schon interessant, dass es hier so viele Unterschiede gibt. Und doch sind wir alle gleich, auch wenn sich unsere Lebenssituationen vollkommen unterscheiden. Grundsätzlich sind wir alle aus dem gleichen Holz geschnitzt und sehnen uns nach einem zufriedenen Leben, das womöglich von Gesundheit und Wohlbefinden begleitet wird. Viele Menschen verbreiten eine positive Atmosphäre, einige sorgen für das Gegenteil. Die, die Ruhe ausstrahlen, gelassen und fröhlich sind, sind die, mit denen wir uns besonders gerne umgeben. Kein Wunder, wer will schon einen Griesgram oder einen Menschen voller Negativität oder Aggressivität um sich haben? Es ist eigentlich gar nicht so schwer, eine strahlende Persönlichkeit zu sein. Man muss es nur wollen. Und zwar von ganzem Herzen und nicht aus einer überheblichen Laune heraus. Der Glanz kommt nicht von außen, sondern rührt von innen her. Ein guter Mensch mit einem Herzen, das für alles offen und allem gutgesinnt ist, ist eine wahre Freude. Die Menschen, denen dies fehlt, blicken meist auf eine Kindheit zurück, die nicht besonders gut verlaufen ist.

Wir urteilen über Menschen, die streiten, lustlos sind und ständig alles bekritteln, aber wissen wir, wie es ihnen ergangen ist? Abgesehen davon, dass das niemand wissen kann, interessieren wir uns ja gar nicht dafür. Wir lehnen manche Menschen einfach ab. Hast du dich schon einmal gefragt, welche Erfahrungen die Person gemacht hat, die du nicht besonders gut leiden magst? Interessierst du dich für ihr Leben?

Wenn wir etwas genauer hinsehen, würden wir vielleicht verstehen, warum manche Menschen so sind, wie sie sind. Es gibt sicher einen Grund, denn kein Mensch kommt auf die Welt, um anstrengend, bösartig oder garstig zu sein. Das gute Herz wurde uns allen in die Wiege gelegt, aber es gibt ein Leben vor der Wiege. Darüber wissen wir nichts und Gott sei Dank können wir uns nicht daran erinnern, nachdem wir geboren wurden. Würden wir wissen, was wir alles schon erlitten haben, würden wir das wahrscheinlich nicht verkraften. Sicherheit und Selbstvertrauen kann man sich zwar aneignen, aber wenn es aufrichtig ist, stellt es sich eigentlich ganz von selbst ein. Manche müssen gar nichts dazu beitragen, weil sie einfach stark sind. Vielleicht vermutet man dann, dass sie auf der Sonnenseite des

Lebens leben. Aber auch dort wissen wir nicht, wie es im Inneren des Menschen aussieht und wie es dazu gekommen ist, dass seine Situation jetzt so ist, wie sie ist. Mit ein wenig Einfühlungsvermögen und Interesse könnten wir uns allen Menschen öffnen. Es muss uns nicht mit allen Menschen eine tiefe Freundschaft verbinden, aber wir können Vorurteile ablegen und Verständnis aufbringen – und zwar für alles, was lebt. Dies gilt natürlich auch für Tiere.

Selbstsicherheit mag gerne mit Arroganz verwechselt werden. Doch Selbstsicherheit bedeutet, sich seiner selbst sicher zu sein. Sich *seines Selbst* sicher zu sein. Dies bedeutet, davon überzeugt zu sein, dass man selbst Größe besitzt – und zwar als Seele und nicht nur als Mensch. Selbstsicherheit bedeutet, ein gutes Auftreten und eine Ausstrahlung zu haben. Wenn diese nicht ichbezogen, sondern von Natur aus gegeben ist, ohne dass man sich dessen bewusst ist, wirkt sie am stärksten. Nun, wenn Selbstbewusstsein fehlt und Selbstvertrauen gar nicht vorhanden ist, kann man einiges tun, um daran zu arbeiten. Zuerst muss einem bewusst sein, dass es fehlt, damit man überhaupt darauf reagieren kann. Viele Menschen glauben, dass sie über viel Selbstvertrauen verfügen, weil sie mit Ellbogentechnik durchs Leben spazieren. Sie nehmen sich alles heraus und glauben, die Größten zu sein – und zwar ohne Rücksicht auf Verluste. Dies hat nichts mit dem Selbstvertrauen zu tun, das ich meine, dies kann einfach nur als Überheblichkeit und Dummheit bezeichnet werden. Wir alle befinden uns in einem großen Umwandlungsprozess und sind dazu aufgerufen, uns wieder geradezurücken. Es ist der Weg vom Ich-Denken ins Wir-Denken, den wir beschreiten sollten, um der Gesellschaft ein Vorbild zu sein. Die Gesellschaft braucht Menschen, die selbstlos sind, guter Dinge, positiv eingestellt und voller Lebenslust und Freude.

Die schlechte Nachricht: Man kann all das nicht kaufen. Die gute Nachricht: Man kann sehr viel dafür tun. In diesem Buch geht es darum, dem Leben wieder zu vertrauen, denn das ist das Einzige, was das wahre Selbstvertrauen wieder zum Leben erweckt. Es ist ja nicht so, dass wir es nicht haben oder es uns fehlt, wir richten lediglich unsere Aufmerksamkeit woandershin. Wenn wir uns ständig in Vergnügungen verlieren, uns mit Sachen die Zeit vertreiben, die unserem inneren Wachstum gar nicht dienen, dürfen wir uns nicht wundern, wenn das Leben nicht anders verläuft. Es ist an der Zeit, aufzuwachen und selbstsicher durchs Leben zu gehen und darauf zu vertrauen, dass alles okay ist. Wagen wir uns gemeinsam an ein ganz großes Thema, das alle etwas angeht. Selbstvertrauen und Sicherheit betreffen uns alle und kommen schlussendlich immer uns allen zugute. Denn Menschen, die dem Leben und sich Selbstvertrauen schenken, wirken auch auf alle anderen so ein. Sie leben uns vor, wie ein Leben an Leichtigkeit gewinnt.

Wer sich auf seine Selbstsicherheit
und sein Bewusstsein etwas einbildet,
weiß nicht, dass es eine Gottesgabe ist.
Es sind Geschenke des Lebens,
die kein Eigenverdienst sind.

BEWUSSTWERDUNG IN 5 SCHRITTEN

SCHRITT 1

»Ich habe einen Acker«:
Sich bewusst zu sein, dass man sich selbst und dem Leben zu wenig vertraut und zutraut

Um sein Leben zu meistern, braucht es eine gewisse Stärke. Den Überlebenswillen haben wir alle, doch der reicht nicht aus, um Harmonie zu erzeugen und Erfolg zu kreieren. Manch einer zweifelt oder glaubt, von anderen abhängig zu sein. Die Meinung der anderen ist uns wichtig und oft vertrauen wir mehr auf unser Gegenüber als auf uns selbst. Kennst du das auch? Du möchtest dich zum Beispiel von deinem Partner trennen, glaubst aber, dein Leben alleine nicht auf die Reihe zu bekommen. Du möchtest deinen Job kündigen, nimmst aber an, von dieser Aufgabe oder deinem Arbeitgeber abhängig zu sein. Du fühlst dich körperlich nicht wohl und glaubst deshalb, nicht in der Lage zu sein, etwas Neues zu beginnen. Es ist zu anstrengend für dich. Anstrengend ist aber nicht das Neue, sondern die vielen Überlegungen, die du anstellst. Du weißt nie, wie es kommen wird. Du vermutest es und im Kopf beginnt sich ein Gedankenkarussell zu drehen, was viele Facetten durchspielt und Ängste erzeugt. In diesen Gedanken folgt man eher Befürchtungen als Wünschen. Wir neigen dazu, eher an das Negative zu glauben, als dem Positiven zu vertrauen. Fakt ist, wenn wir etwas Neues beginnen, sollten wir uns zwar nicht kopflos in dieses Abenteuer stürzen, doch etwas wagen. Und wer nicht wagt, der nicht gewinnt. Dies wissen wir alle. Hier steht uns aber leider Gottes oft der Verstand im Weg. Schwarzmalerei nennt man es, was uns davon abhält, Schritte zu tun, die notwendig wären, vor denen wir uns aber drücken. Um Selbstvertrauen und Sicherheit zu gewinnen und zu erarbeiten, müssen wir uns Selbstvertrauen und Sicherheit zutrauen. Es ist nicht etwas, was nur die anderen haben und uns fehlt, sondern etwas, was wir uns nicht zutrauen. Machen wir uns also bewusst, dass das, was wir uns nicht zutrauen, und das, was wir nicht glauben, auch nicht eintreffen oder funktionieren kann.

Dies versteht sich von selbst. Fast jeder weiß, dass es die Gedanken sind, die unser Leben formen. Schon in der Bibel heißt es: Suchet, so werdet ihr finden. Begeben wir uns also auf die Suche nach dem größten Schatz, den es in unserem Leben gibt, nämlich uns selbst. Unsere Mitte, unser inneres Zuhause, ist das, was es zu finden gilt. Sich aus alten gewohnten Verhaltensstrukturen und eingefahrenen Denkweisen zu lösen, ist unumgänglich, wenn wir neues Vertrauen erlangen wollen. Dazu müssen wir uns mit uns selbst beschäftigen und uns kennenlernen. Wir glauben zwar, uns zu kennen, aber tun wir das wirklich? Wir haben ein Bild von uns oder das Bild übernommen, das andere von uns haben, und weiter denken wir nicht. Dies klingt nicht nur eigenartig, es ist tragisch. Wir denken über alles nach und glauben alles zu wissen, doch uns selbst kennen wir nicht. Wir bemühen uns viel zu wenig, uns selbst kennenzulernen und uns selbst zu entdecken. Und zwar nicht unsere persönlichen Eigenschaften, sondern das, was in uns steckt. Es geht darum, unseren eigenen wahren Kern wieder zum Leben zu erwecken.

Traue ich mir zu wenig zu?

○ JA ○ WEISS NICHT ○ NEIN

Was traue ich mir (von dem, was ich bisher vor mir hergeschoben habe oder dem ich ausgewichen bin) jetzt und ab sofort zu?

(Versuche mindestens 5 Punkte zu finden, wenn möglich auch mehr.)

1. ______________________________

2. ______________________________

3. ______________________________

4. ______________________________

5. ______________________________

6. (super) ______________________________

7. (spitze) ______________________________

8. (ausgezeichnet) ______________________________

9. (wow) ______________________________

10. (Gratuliere!) ______________________________

Was traue ich mir nicht zu?

1. ______________________________

2. ______________________________

3. ______________________________

4. ______________________________

Bei welchen dieser 4 Punkte könntest du eventuell über deinen Schatten springen?

Wenn ich nicht darüber nachdenke, könnte ich mir vorstellen, dass ich mich an Punkt ____ heranwagen könnte. Eventuell auch an Punkt ___. Für Punkt ___ brauche ich noch etwas Zeit. Eventuell brauche ich Unterstützung. Folgende Menschen (seelische Unterstützung, tatkräftige Unterstützung, finanzielle Unterstützung etc.) bzw. Hilfsmittel (Geld, Fähigkeiten etc.) könnten mir dabei behilflich sein:

___

___

___

___

___

Was wünsche ich mir?

___

___

___

___

___

SCHRITT 2

»Jäten«:
Ausrichtung ändern

Woran denkst du? Womit beschäftigst du dich? Womit verbringst du deine Zeit? Was hat in deinem Leben Priorität? *Die Ausrichtung eines Menschen richtet sein Leben ein*. Somit ist die Lebenssituation von der inneren und äußeren Haltung abhängig. Handlungen führen dazu, dass etwas in die Wege geleitet wird. Was man in die Wege leitet, erzeugt eine Wirkung, welche wiederum eine Ursache setzt. Der Kreislauf der Gesetzmäßigkeiten des Lebens ist immer gleich. Deshalb sollten wir dahingehend achtsam sein, womit wir uns beschäftigen. Hier geht es nicht nur um Tätigkeiten, sondern ebenso um das Gedankengut und um die Gefühlswelt. Gefühle, Gedanken und Handlungen müssen im Einklang stehen und bestenfalls stimmig sein. Jede Form von Negativität zieht wiederum Negatives an. Wer das erkannt hat, beginnt damit, sein Leben aufmerksamer zu gestalten.

Zum Thema **Ausrichtung** sei gesagt, dass wir uns selbst stets im Auge behalten sollten. Wir können uns jederzeit korrigieren oder auch erneuern. Niemand zwingt uns dazu, jahrelang auf der Couch sitzend Chips zu verzehren, auf den Computer oder Fernseher zu starren oder bei jeder Gelegenheit Menschen zu kritisieren und sie schlecht zu machen. Nur hochmütige Menschen erheben sich über andere, dies sollte uns in jedem Moment bewusst sein. In jedem Lebensbereich spielt die Ausrichtung eine Rolle. Doch hier geht es nicht nur um die verschiedenen Bereiche, sondern vor allem um die Art und Weise, wie wir Dinge angehen, Handlungen vollziehen, Dinge aussprechen, Überlegungen anstellen, mit unseren Mitmenschen umgehen, unser Leben planen und uns verhalten. Es gibt verschiedene Ausrichtungstypen. Den, ...

... dem alles egal ist

... der alles besser weiß

... der überall nur seinen Vorteil sieht

... der sich um andere sorgt

... der nach außen orientiert ist

... der nach innen orientiert ist

... der nach dem Höchsten strebt

... der sich ständig Gedanken und Sorgen macht

... der immer vertraut und voller Elan ist

... der voller Zweifel und Vorurteile ist

... der in allem das Beste und Gute sieht

... der alles alleine in die Hand nimmt

... der alles plant

... der alles an sich herankommen lässt

... der, egal wie, wenn nötig auch Gewalt anwendet.

Und welcher Ausrichtungstyp bist du? Vielleicht findest du dich irgendwo wieder oder hast ganz andere Tendenzen. Wie siehst du dich? Als der, der …

… ________________________

… ________________________

… ________________________

… ________________________

… ________________________

Wie sehen dich deine Mitmenschen?

(Wenn du dir etwas unsicher bist, frag deinen Partner, deine Mutter, Geschwister oder Freunde. Es ist spannend, zu sehen, wie man wahrgenommen wird. Entweder übernimmt man diese Sicht und entdeckt ganz neue Facetten an sich oder bemerkt die Fehlsicht bzw. Interpretation der anderen.) Als den, der …

… ________________________

… ________________________

… ________________________

… ________________________

… ________________________

TIPP: Wie auch immer dich andere Menschen wahrnehmen, so bist du nicht. Warum dann diese Fragen? Damit du erkennst, dass jede Art der Wahrnehmung Ansichtssache und somit persönlicher Natur ist. Es ist nur das Bild, das sich jemand von dir macht. Nimm also nichts persönlich. Ärgere dich nicht über unangenehme Aussagen und freue dich nicht allzu sehr über ein Kompliment. Wie auch immer der andere dich sieht, es ist seine Sichtweise und nicht dein Wesen.

Was ist mir am wichtigsten? Worauf lege ich Wert? Was steht in meinem Leben im Mittelpunkt? Welche Bereiche sind besonders wichtig für mich? Oder auch welche Verhaltensweisen oder Herangehensweisen sind vordergründig? Meine Prioritäten sind:

SCHRITT 3

»Düngen«:

Aufmerksamkeit bewusst ausrichten

Wo auch immer du deine Aufmerksamkeit hinlenkst, du wirst selbst schon bemerkt haben, dass dich dabei etwas in seinen Bann zieht. Man hat den Kopf für nichts anderes mehr frei. Was auch immer dich beschäftigt, es vereinnahmt dich. Wenn du von etwas vereinnahmt bist, bist du Gefangener deiner Handlungen, deiner Gedanken oder Gefühle. Wenn du einer Sache Aufmerksamkeit schenkst, wird sie zu deinem Mittelpunkt. Mittelpunkt solltest aber immer du selbst sein – und zwar nicht deine Person, sondern dein Selbst. Somit sollte die Aufmerksamkeit stets nach innen gerichtet sein, in deiner Mitte ruhen. Dies bedeutet nicht, dass du das Leben und all seine Ereignisse ignorieren sollst, sondern du, während du etwas tust, bei dir bleibst. Aus der Mitte heraus zu denken, zu handeln und zu fühlen, bedeutet, die Aufmerksamkeit voll und ganz in den Moment hineinzulenken: Die Präsenz des Augenblicks zu spüren. Das Hier und Jetzt definitiv zu leben und wahrzunehmen. Es reicht nicht aus, zu wissen, dass jetzt jetzt ist, sondern man muss voll und ganz zu diesem Jetzt werden, es sein. Im Prinzip ist man es ja schon, wenn sich nur nicht die Aufmerksamkeit ständig woanders hinbewegen würde. Deswegen bist du dir deiner Selbst nicht bewusst, weil du ich-zentriert lebst.

Der Augenblick ist nicht etwas, was vorbeizieht und irgendwann einmal zum Gestern wird, sondern die bewusste Wahrnehmung deiner selbst.

Man ist ständig abgelenkt. Ein praktisches Beispiel: Du sitzt auf der Couch und verlierst dich im Film. Du sorgst dich um deine Eltern und verlierst dich in diesen Gedanken. Du bist eifersüchtig und malst dir aus, was dein Freund in diesem Moment gerade macht. Du hast im Moment nur wenig Geld zur Verfügung und sorgst dich um die Zukunft.

Wenn du diese Beispiele betrachtest, kannst du erkennen, dass du zwar diesen Augenblick lebst, aber leider nicht wirklich bewusst. Du bist nicht im Augenblick. Du bist mit deinen Gedanken ganz woanders. Und wo du mit deinen Gedanken bist, genau das wird zu deiner Realität. Wenn du also irgendetwas tust oder planst, versuche es aus der Mitte heraus zu tun. Lass Gedanken Gedanken sein und schenke ihnen nicht zu viel Aufmerksamkeit. Lass dich nicht einschüchtern oder beeindrucken und dich auch nicht begrenzen. Gehe über deinen Horizont hinaus und tue alles mit Sorgfalt und vor allem sehr bewusst. Sei dir bewusst, dass nur dieser eine Augenblick zählt. Willst du ihn wirklich mit unnötigen Gedanken vergeuden? Mit Überlegungen, die eventuell nie eintreffen werden oder mit Erinnerungen, die schon uralt sind? Sei dir bewusst, dass du sie belebst, am Leben erhältst und sie dich hinunterziehen und schwächen. Richte deine Aufmerksamkeit daher immer in den Augenblick hinein. Nur dort soll sie sein.

Bin ich oft abgelenkt? Wie steht es mit meiner Aufmerksamkeit? Bin ich bei der Sache oder verliere ich mich allzu sehr in Sorgen? Kann ich den Augenblick genießen? Bin ich wirklich präsent?

Lass uns das überprüfen: Wenn du morgens aufstehst, solltest du die ganze Energie in den Morgen hineinlenken. Denke nicht daran, was gestern alles schiefgelaufen ist und dass heute ohnehin nichts funktionieren wird, weil es ohnehin nicht besser werden kann. Dies ist ein Beispiel, von denen es unzählige gibt. Du kennst sicher auch einige, die du sofort aufzählen kannst. Es ist absolut menschlich und man sollte sich für nichts verurteilen, aber man kann damit beginnen, sein Verhalten zu beobachten.

Beobachte dich einen Tag lang oder nur für einige Stunden selbst und schau genau hin, ob du dich in Gewohnheiten verlierst oder jedem Moment neu begegnest. Gibst du dem Tag die Chance, sich neu zu entwickeln? Oder denkst du ohnehin schon zu wissen, wie er verläuft und programmierst ihn damit auf diese Weise? Und abends zu sagen, das habe ich bereits am Morgen schon gewusst, zeugt nur davon, dass es so laufen musste, weil du es bereits vorprogrammiert hattest.

Was auch immer du tust, richte deine Aufmerksamkeit nach innen. Du kannst deine Aufmerksamkeit vorerst auch auf Ziele oder Wünsche richten und somit einiges bewirken. Bevor wir zu uns selbst erwachen, müssen wir an uns arbeiten und uns entwickeln. Dies bedeutet, dass Selbstverwirklichung über die Persönlichkeit geschieht. Uns steht ja kein anderes Werkzeug zur Verfügung, um zu uns selbst zu finden. Zuerst geht es also um Entfaltung und Wachstum, bevor es an die Rückbildung des Egos geht. Wir haben alle Zeit der Welt, da Zeit ohnehin relativ ist. Wir kommen und gehen und kommen und gehen. Dies wiederholt sich so lange, bis wir die nötige Reife haben, um nach Hause zurückzukehren.

Vergiss aber nicht, dass du eigentlich nichts beeinflussen, sondern lediglich den Augenblick erfüllen musst. Wenn du das tust, gehst du eine Abkürzung. Das Leben schenkt dir immer Fülle. Kannst du sie sehen? Wenn nicht, dann schaue etwas genauer hin. Sie versteckt sich in allem. Auch hinter Corona. Dies ist ein Gesetz, das jeder erkennen kann, wenn er damit beginnt, sein Leben bewusster zu gestalten.

Bist du stets bei der Sache oder schweifst du schnell ab?

○ JA ○ WEISS NICHT ○ NEIN

Ich bemühe mich

Verliert sich deine Aufmerksamkeit oft in Überlegungen oder kannst du genießen, was sich gerade zeigt?

O JA O WEISS NICHT O NEIN

Ich versuche

Lebst du im Gestern oder Morgen, oder bemühst du dich, das Heute zu erfüllen?

O JA O WEISS NICHT O NEIN

Ich werde

____

____

____

Gestern und Morgen existieren nur in deiner Gedankenwelt. Bist du dir dessen bewusst?

○ JA ○ WEISS NICHT ○ NEIN

Ich denke, dass

____

____

____

SCHRITT 4

»Die Saat«:

Handeln, Umsetzen, Tun

Jetzt haben wir uns bereits so einiges an Wissen angeeignet und wir sind uns bewusst, was wir tun und wie wir uns verhalten können. Jetzt geht es darum, es in die Tat umzusetzen. Etwas zu wissen, ist wunderbar, nützt aber nichts, wenn man es nicht anwendet. Du bist also aufgerufen, dir deiner selbst bewusst zu werden, dich neu auszurichten und deine Aufmerksamkeit gezielt zu steuern, bevor wir zum nächsten Schritt übergehen. Die meisten Menschen wissen viel, doch sie wenden dieses Wissen nicht an. Sie sehen immer nur auf das, was die anderen gerade machen. Warum, wissen wir nicht. Ich glaube, wir haben alle ein wenig dieses Vergleich-Syndrom. Warum ist es so interessant, sich mit anderen zu messen? Eine gute Frage, die du dir eventuell beantworten kannst, wenn du dich das nächste Mal dabei ertappst. Beende Vergleiche und beginne damit, dein Leben bewusster zu gestalten. Hier geht es nicht um Organisation und deine Arbeit oder dein Privatleben. Hier geht es um deine geistige Haltung und darum, wie du dem Leben gegenüberstehst. Es heißt nicht umsonst: So wie du in den Wald hineinrufst, so schallt es zurück.

Was willst du als Nächstes tun? Welche konkreten Absichten hast du?

____

____

____

____

____

SCHRITT 5

»Die Ernte«:

Zukunft kreieren

Wer diszipliniert und fleißig gearbeitet hat, darf sich über eine Belohnung freuen. Sei dir bewusst, dass alle Schritte in deiner Zukunft münden. Das, was du Zukunft nennst, ist das, was du verursachst. Ob mithilfe von Gedanken, Gefühlen, Taten oder Worten – das spielt keine Rolle. Wenn du weißt, wo dein momentanes Lebenskonstrukt seine Ursachen hat, ist es ganz einfach, etwas zu ändern. Hier schaut aber niemand so gerne hin. Niemand will seine Schwächen zeigen oder seine dunklen Ecken kennenlernen. Trau dich und geh es an. Und wenn sich dazu noch eine Portion Selbstvertrauen und Vertrauen dazugesellen, kann eigentlich nichts mehr schiefgehen. Wenn du alle 5 Schritte durchlaufen hast, ist auch das Vertrauen in das Leben nicht mehr weit. Und wer dem Leben vertraut, nimmt automatisch eine andere Haltung ein.

Das ganze Leben ist wie ein Puzzlespiel, wo es nur darum geht, die richtigen Teile zu finden oder besser gesagt alle Teile miteinander zu verbinden. Verweben, ohne zu kleben. Alle Bindungen an das Leben, sei das in Form von Besitz, Personen oder Gedanken, hindern dich daran, glücklich zu sein. Lass diesen Satz auf dich wirken.

Schreibe danach kurz auf, wie du ihn empfindest oder was er in dir ausgelöst hat:

____

____

____

____

____

Nachdem wir die 5 Stufen der Vorbereitung durchlaufen haben, können wir uns dem eigentlichen Thema dieses Buches widmen. Es braucht immer ein wenig Vorbereitung, damit ein Akt vollzogen werden kann.

AUF DER SUCHE

Unser aller Ziel ist die Selbstverwirklichung. Wer Selbstvertrauen hat und Vertrauen in das Leben, wird sein Ziel nicht verfehlen. Apropos verfehlen: Spürst du auch, dass dir in deinem Leben etwas fehlt? Jeder spürt es auf eine andere Art, aber niemand fühlt sich zu 100 % aufgehoben und angekommen, solange seine Suche nicht beendet ist. Die Suche endet allerdings nicht bei einem Ziel, sondern bei der Realisierung, dass wir immer schon am Ziel waren.

Die spirituelle Suche an sich muss nicht bewusst stattfinden, meist geschieht sie unbewusst. Manche Menschen gehen den spirituellen Weg der Selbstfindung gezielt, andere sind sich dessen nicht bewusst und gehen den Weg intuitiv. Uns allen fehlt Liebe. Nicht in Form von zwischenmenschlichen Gefühlen, sondern essenziell. Wie wirkt sich das aus, wenn uns etwas fehlt, also der Zugang zu uns selbst versperrt ist? Wir sind uns dessen ja nicht bewusst und wissen ja nicht, was es ist und wo man es finden kann. Viele sind rundum unzufrieden und ständig auf der Suche. Rastlosigkeit, Depressionen, Lethargie, Lustlosigkeit, Antriebslosigkeit und Hilflosigkeit sind nur einige Zeichen dafür, dass wir irgendetwas ändern müssen. Es ist nicht normal, dass wir diese Anzeichen als normal abtun. Wir sollten das ernst nehmen und überprüfen, was uns fehlt. Ja, viele Menschen sind krank und viele Kranke sind alt und viele Alte gehen gebückt. Mit solchen Eindrücken werden wir täglich konfrontiert, wir erleben es. Aber normal ist es nicht! Es liegt an der Vereinsamung der Seele, dass wir uns in einem desolaten Zustand befinden und sicher nicht an einer Voraussetzung oder Selbstverständlichkeit.

Es gibt zwei verschiedene Arten von Leere. Die herkömmliche Leere empfinden wir als etwas Unangenehmes. Ein innerer Druck, ein Unbehagen und eine gewisse Trostlosigkeit begleiten uns. Es muss nicht einmal etwas geschehen sein, das uns belastet und trotzdem ist es da. Wir spüren instinktiv, dass etwas nicht stimmt und suchen Lösungen, die wir im Außen vermuten. So ändern wir gewisse Lebenssituationen, tauschen den Partner oder wechseln den Job. Kurzfristig fühlen wir uns dann besser, weil vieles neu erscheinen mag. Schlussendlich sind wir aber nicht glücklich, weil sich nach einer gewissen Zeit wieder diese Leere einstellt. Dann gehen wir shoppen. Wir kaufen unzählige Dinge und stapeln sie neben diesen auf, die wir ohnehin schon haben. Dann vergehen ein paar Tage und wieder stellt sie sich ein: diese Leere, die einfach nicht weggehen will.

Die andere Leere ist eine angenehme Leere, die aber kaum jemand kennt. Diese Leere wird als Fülle erlebt, was bedeutet, dass wir keine Bindungen mehr haben und wunschlos glücklich sind. Das ist das Ziel der Suche, auch wenn wir dort eigentlich schon angekommen sind. Weil wir uns als Körper verstehen, können wir es nicht erkennen. Unser Körper wird von der Seele gelenkt, somit ist der unsichtbare Seelenkörper unser Hauptwohnsitz.

Selbstverwirklichung beginnt im Moment der Geburt, wobei die ersten Jahre sehr unbeschwert sind. Kaum sind wir ein paar Jahre alt, beginnt die eigentliche Misere. Plötzlich sind wir nicht mehr die Anja, der Tom oder die Julia, sondern ein Ich. Das behaupten zumindest unsere Eltern. Das übernehmen wir. Wir spielen sozusagen eine Rolle, in die wir völlig unversehens und vor allem unvorbereitet hineinkatapultiert wurden. Die Suche beginnt.

Die chronischen Sucher haben es übrigens auch nicht leicht. Sie verlieren sich im Zwang, der vom Willen geleitet wird. Bewusstwerdung ist ein natürlicher Prozess, den wir nicht ansteuern können, indem wir uns anstrengen oder fleißig sind. Nicht alle suchen sich selbst. Erfüllung wird oft verkannt und in materiellen Gütern und Besitztümern vermutet. So sucht man nach

Sicherheit, Zufriedenheit und Reichtum, wobei das alles überflüssig ist, weil wir es nicht mitnehmen können. Bei der schlussendlichen Befreiung hilft uns das alles nicht. Es beschert uns höchstens ein angenehmes Leben, was sicher auch nicht zu verachten ist. Wir sollten aber nicht darin hängen bleiben und es überbewerten. Genießen wir das, was wir haben, ohne daran zu haften.

Was wir überallhin mitnehmen, ist die Unzufriedenheit, und die will man ja eigentlich loswerden. Wir können also mit einer Veränderung (Umzug, Partnerwechsel etc.) der Unzufriedenheit nicht entgehen. Sie wird uns weiterhin begleiten, solange wir ihre Ursache nicht erkannt haben. Hingegen wird man nicht unzufrieden, wenn man sein Selbst verwirklicht, sondern sein Ich. Vor dem, der sich in seiner Persönlichkeit verliert, wird sich die Zufriedenheit verstecken. Auch wenn sie kurzfristig aufflammt, was nützt uns das? Kann es das Lebensziel sein, von einem zufriedenen Zustand zum nächsten zu jagen und dazwischen zu schlafen? Zufriedenheit wäre dann erstrebenswert, wenn sie bliebe, also andauernd vorhanden ist. Dem Sonnenschein im Herzen folgt der Regen und der Freude die Trauer. Diese Berg- und Talfahrten mag eigentlich niemand und trotzdem sind wir mittendrin. Wir bewegen uns ständig zwischen Tiefs und Hochs und haben die Mitte aus den Augen verloren. Es ist Zeit, in sich zu gehen und den Zugang zu unserem höheren Selbst ausfindig zu machen. Die wahren Schätze sind nicht dort auffindbar, wo wir unseren Körper bewegen, sondern dort, wo unsere Seele wohnt. So ist es hilfreich, sich der geistigen Gesetze zu bedienen und das Urprinzip zu kennen: Wie funktioniert das Leben, wie funktionieren Ursache und Wirkung und warum bin ich in der Situation, in der ich mich gerade befinde? Das Urprinzip von Materie und Geist ist kein Geheimnis. Jeder kann es entdecken. Somit wären wir wieder bei der Selbsterkenntnis und beim Selbstwertgefühl.

Mit dem Selbstwertgefühl und dem Selbstvertrauen verhält es sich nämlich ähnlich: Der, dem es fehlt, fühlt sich nicht geliebt, glaubt nicht daran, etwas bewerkstelligen, verdienen oder erreichen zu können. Somit sind auch seine Lebensumstände ziemlich lahm. Denn ein lahmer Mensch kann kein bewegtes Leben erwarten. Wie also komme ich zu mehr Selbstwertgefühl oder wie finde ich Selbstvertrauen?

Diese Frage wollen wir uns nun etwas genauer ansehen. Bevor wir damit beginnen, starten wir eine kleine Analyse und Selbstbefragung. So können wir besser einschätzen, welche Schwächen wir ausbügeln müssen, um sie in Stärken zu verwandeln. Stellen wir uns unseren Antworten und den Fragen. (Versuche spontan zu sein und aufzuschreiben, was dir einfällt und überlege nicht zu lange. Somit wird sich die Antwort nicht verfälschen und aufrichtig und ehrlich sein.)

Ich habe in meinem Leben Wichtiges, Sinnvolles und Nutzbringendes vollbracht:

1. ______________________________
2. ______________________________
3. ______________________________
4. ______________________________
5. ______________________________
6. ______________________________

Folgendes habe ich versäumt:

1. ______________________________
2. ______________________________
3. ______________________________
4. ______________________________
5. ______________________________
6. ______________________________

PRAXIS

So hilfst du dir selbst

Vielleicht waren dir einige Antworten von vorhergehenden Fragen selbst nicht bewusst. Jetzt hast du die Möglichkeit, das Leben nach deinen Wünschen und Vorstellungen zu gestalten. In diesem Zusammenhang ist es wichtig, dass du deine Zweifel ablegst.

Und wie macht man das? Indem man ihnen keinen Raum mehr zu Entfaltung gibt. Es ist ganz normal, dass Zweifel auftauchen und Gedanken da sind, die uns ständig von etwas abhalten wollen. Sobald eine Emotion oder ein Gedanke auftaucht, der dich von etwas abbringen will und dich verunsichert, entziehe ihnen den Nährboden, indem du ganz gezielt an etwas anderes denkst oder etwas anderes tust. D. h. du lenkst deine Aufmerksamkeit woandershin, ziehst sie von Gedanken und Gefühlen ab und stellst der Aufmerksamkeit ein Objekt der Begierde zur Verfügung. Dies sollte kein Nonsens sein, der deine Sinne vernebelt, sondern etwas,

was deinen Geist erfrischt. Hier gibt es keine definitive Empfehlung, jeder fühlt sich in anderen Dingen wohl. Ob es Meditation, Beten, Yoga, Entspannungsübungen, Mandalas ausmalen oder etwas ganz anderes ist, finde das, was zu dir spricht und für dich absolut stimmig ist. Man kann nicht jedes Mal, wenn trübe Gedanke aufkommen, ein Mandala ausmalen. Das ist sicher jedem klar. Aber man kann diesen Gedanken durch einen positiven Gedanken ersetzen. Dies wäre einfach, wenn jemand im Moment der Gedankenflut daran erinnern würde. Warum vergessen wir es bloß, wo es uns doch helfen würde? Wenn es uns nicht in den Sinn kommt, brauchen wir uns nicht zu verurteilen. Es kommt irgendwann automatisch, wenn wir darin etwas geübt sind und der Zeitpunkt passt.

Was also kann man dazu beitragen, dass einem das in diesem einen Moment der Schwäche einfällt? Eine Eselsbrücke? Gute Idee, aber auch die kann man vergessen. Sei dir eines gewiss: Je öfter du es anwendest, desto öfter wird es dir in den Sinn kommen und es wird wirklich zu deiner Gewohnheit werden. So kannst du nach und nach alte Gewohnheiten durch neue ersetzen. Sie werden dich beflügeln und nicht hinunterziehen. Alles, was dich träge macht und lähmt, solltest du aus deinem Leben verabschieden. Und zwar gezielt und bewusst.

Folgendes lähmt mich:

Zur Selbstverwirklichung benötigen wir Ziele. Je deutlicher das Bild ist und du es vor Augen siehst, desto weniger Schwierigkeiten werden dir begegnen. Wähle den Weg und die Methode, zu denen du auch stehen kannst. Überprüfe, ob deine Ziele mit deiner inneren Einstellung übereinstimmen. Manche Ziele stellt man sich schöner vor, als sie es sind, und vieles, was eintrifft, will man oft gar nicht mehr.

Ist dir auch schon aufgefallen, dass das Leben in deiner Vorstellung ganz anders verläuft als in der Realität? In deiner Realität? In der Realität? Was ist Realität?

(Kurz innehalten)

Wenn du dir etwas wunderschön ausmalst, ist dieses Bild meist nur in deinem Kopf vorhanden. Sobald die Situation eintrifft, wird das Bild durch etwas ganz anderes ersetzt. Meistens ist man dann erschrocken, weil man sich gar nicht vorstellen kann, warum es nicht so läuft, wie man es sich vorgestellt hat. Bei persönlichen Zielen muss einem bewusst werden, dass man Ziele verfolgt, die mit Enttäuschungen behaftet sind. Persönliche Ziele beinhalten eine Absicht und Absichten haben ja auch etwas mit Erwartungen zu tun. Am besten verfolgst du ein unpersönliches Ziel, in dem es um deine geistige Entwicklung geht und nicht um materielle Strukturen. Welchen Weg du auch immer wählst, Gedankenaustausch mit anderen ist immer sehr wertvoll und kann Anregungen geben, die dich deine Ziele neu überdenken lassen. Gewisse Lebensabschnitte mit Gleichgesinnten zu gehen, ist eine Bereicherung für alle Beteiligten. Warum? Weil es leichter und interessanter werden kann. Außerdem können wir uns gegenseitig stützen, uns helfen und beistehen, wenn einmal etwas nicht so läuft, wie wir es uns vorgestellt haben.

Persönliche Ziele sind so lange vorhanden, solange unpersönliche Ziele unwichtig sind. Gibt es unpersönliche Ziele? Ja, die gibt es, wobei das Ziel aber aus einer anderen Perspektive betrachtet werden muss. Als etwas Natürliches und nichts Gewolltes oder Erzwungenes. Jenseits der Persönlichkeit ist der zu sich erwachte Mensch bewusst angekommen. Er hat es realisiert.

Für alle anderen geht es darum, dieses Wissen der materiellen Ebene auf die geistige Ebene zu transportieren und dort zu verwirklichen. Dies bedeutet, dass ein Mensch, der voller Vertrauen in sich selbst und in das Leben ist, persönliche Ziele leichter hinter sich lassen kann. Er lässt nichts zurück, sondern haftet nicht mehr daran. Es bedeutet nämlich nicht, dass sein Leben langweilig verläuft oder nichts mehr geschieht, sondern dass er alles dem Leben überlässt. Was auch immer es ihm zur Verfügung stellt oder nimmt: Er ist damit im Reinen. Er sät nicht mehr, sondern erntet.

Wer persönliche Ziele verfolgt, hat sie zuvor auch ausgesät. Meistens erntet man faule Früchte, weil die Aussaat nicht rein ist. Verunreinigte Aussaaten sind zum Beispiel negative Gefühle, schlechte Gedanken oder Handlungen, wobei andere verletzt werden. Diese Aussaat bringt natürlich kein besonders gutes Ergebnis, wenn es um die Ernte geht. Persönliche Ziele sind nicht schlecht, aber wozu brauchen wir sie? Wozu Ziele verfolgen, wenn doch jetzt und hier alles greifbar nahe ist?

Das Problem ist, dass wir es nicht sehen können. Wir müssen es fühlen und spüren – und zwar mit all unseren Zellen. Die Sinne können ganz viele Aspekte wahrnehmen, wobei sie sich aber nur im Bereich der sichtbaren und greifbaren Dinge bewegen. Der unsichtbare Bereich, der geistige, also der der Seele, kann mit den Sinnen nicht geortet werden. Dazu braucht es ein anderes Werkzeug als das Ich, das mit Gedanken und Gefühlen konform geht. Hierfür braucht es eine innere Intelligenz, eine Herzenskraft, die sich auf sich selbst besinnt und nicht in persönlichen Strukturen verliert.

Denke stets daran, dass es jedem Menschen möglich ist, sich selbst, sein Selbst zu verwirklichen und die Tarnung des Ich-Mantels auffliegen zu lassen. Der Weg ist nicht leicht, aber es ist möglich, ihn zu gehen. Es darf einem dabei nicht die Puste ausgehen, die Geduld verloren gehen oder der Mut verlassen. Hab Mut und trau dich. Gehe den Weg, der gefühlsmäßig für dich stimmt, und vertraue darauf, dass du kein Konzept brauchst, sondern Vertrauen. Dies ist der Schlüssel zur Selbstverwirklichung und diese ist jederzeit möglich.

Meine Gedanken dazu:

AUF DEM WEG ZUM SELBSTVERTRAUEN

Selbstvertrauen muss man eigentlich nicht erlangen. Man kann es auch nicht gewinnen, sondern lediglich wiederbeleben. Jeder Mensch trägt ein tiefes Vertrauen in sich, auch wenn dieses nicht wahrgenommen wird. Man könnte also sagen: Wir haben es vergessen oder aus den Augen verloren. Nehmen wir einmal an, du willst etwas kochen. Wie gehst du vor? Zuerst musst du schauen, welche Zutaten du benötigst, welche du im Küchenschrank hast und welche du noch einkaufen musst. Mit dem Selbstvertrauen ist es nicht anders wie mit allen anderen Tugenden. Es gilt herauszufinden, welche Fähigkeiten und Stärken du hast, über welche Anlagen du verfügst und welche noch brachliegen. Vielleicht hast du Talente und Fähigkeiten, die du noch gar nicht entdeckt hast? Vielleicht hast du Stärken, die dir gar nicht bewusst sind? Um das herauszufinden, ist es sinnvoll, eine Bestandsaufnahme zu machen. Es gilt zu erkennen, über welche Eigenschaften du verfügst und welche du dir noch aneignen solltest. Manche wirst du bereits einsetzen, manche ab und zu und einige gar nicht, obwohl du sie besitzen würdest.

Lass uns deine jetzige Situation analysieren, damit du dein Ziel bestimmen und deinen Weg festlegen kannst. Natürlich ist der beste Weg immer der, der deinen Neigungen entspricht. Alles, was mit Leichtigkeit geschieht, ist richtig und bewusste Talente einzusetzen, ist alles andere als schwer. Der einfache Weg ist nicht immer der beste. Viele Menschen meiden Umwege, doch Umwege sind Herausforderungen, an denen man wachsen kann. Schwierigkeiten ständig zu umgehen, sorgt dafür, dass unser Einfallsreichtum eingeschränkt bleibt. An Schwierigkeiten wachsen wir, das wirst du bereits selbst schon erlebt haben. Wenn wir das Ziel vor Augen behalten und alles bewusst mit Freude tun, ist eigentlich gar kein Weg schwierig. Doch manchen geht die Puste aus, weil sie keine Kondition haben und irgendwann stehen bleiben. Dann könnte man sich ausruhen. Wenn man dann aber sitzen bleibt, nicht mehr weitergeht, darf man sich nicht wundern, dass das persönliche Ziel immer gleich weit entfernt ist. Am besten ist es, nicht ans Ziel zu denken, sondern die Geschenke und Hindernisse wahrzunehmen, die einen in diesem Moment umgeben. Wenn du einen Tagesmarsch ins Gebirge machst und bei jedem Schritt denkst, dass du immer noch nicht angekommen bist, wird dir die Wanderung relativ lang vorkommen. Sei gedanklich präsent und voll im Augenblick. Wenn du dich den Herausforderungen stellst und dich an diesen Dingen freust, die dir am Wegesrand begegnen, wird die Zeit wie im Flug vergehen. Du bist am Ziel, ohne dich einmal umgesehen zu haben, weil du im Augenblick warst.

Bei meinen Seminaren waren Fragebogen immer am beliebtesten. Folgende Fragen sind die Essenz eines Seminars, das für alle Beteiligten immer besonders fruchtbar war. Hier geht es darum, sich besser kennenzulernen und Klarheit zu schaffen: Herauszufinden, worüber man bereits verfügt, was man noch erreichen will und was man eigentlich ist. Solltest du ähnliche Fragen schon einmal beantwortet haben, ignoriere sie nicht. Auch wenn die Fragen gleichbleiben, die Antworten ändern sich. Und zwar täglich. Du bist jeden Tag ein neuer Mensch, auch wenn du dich gleich wahrnimmst. Nichts ist jeden Tag gleich, alles ist anders. Dies erkennen wir erst, wenn wir es genau beobachten und es nicht aus der Erinnerung von gestern betrachten. Finde heraus, wo du stehst, wo deine Stärken und deine Schwächen liegen:

Ich bin zufrieden mit

O meiner Gesundheit

O meinem Körper

O meinem Aussehen

O meinem Allgemeinwissen

O meinem Wissen

- O meinem Privatleben
- O meinen Freundschaften
- O meiner Beziehung/Ehe
- O meinem Liebesleben
- O meinen Kindern
- O meinen Eltern
- O meinen Essgewohnheiten
- O meinen körperlichen Aktivitäten
- O meinem beruflichen Zustand
- O meiner spirituellen Entwicklung

Wo liegen meine Stärken?

(Benenne mit einem Wort oder ein bis zwei Sätzen, was dir sofort in den Sinn kommt.)

Gesundheit

____

____

____

Körperliche Aktivität

____

____

____

Wissensgebiete

Beruf

Beziehungen

Freundschaften

Ernährung

Sport/Bewegung

Wo liegen meine Schwächen?

(Benenne mit einem oder wenigen Worten, was dir sofort in den Sinn kommt.)

Gesundheit

Körperliche Aktivität

Wissensgebiete

Beruf

Beziehungen

Freundschaften

Ernährung

Sport/Bewegung

Was mag ich an meinem/n

Charakter

Aussehen

Wesen

Eigenschaften

Besonders mag ich an mir:

Meine größte Stärke ist:

Meine größte Schwäche ist:

Folgende Fähigkeiten setze ich bereits ein:

Folgende Fähigkeiten möchte ich mir noch aneignen:

____

____

____

____

____

Folgende Talente werde ich ausbauen:

Als Kind wollte ich ______________________________

______________________________ werden.

Als Kind wollte ich Folgendes tun: ______________________________

____

____

____

Davon habe ich Folgendes realisiert: ______________________________

____

____

____

Meine heutigen Wünsche sehen folgendermaßen aus:

Folgende Ziele gehe ich jetzt an:

Warum möchte ich diese Ziele erreichen?

Wenn alle Ziele möglich wären, würde ich sofort Folgendes tun: ______________________________

____

und mir sofort Folgendes aneignen: ______________________________

____

____

Was hat mich bisher davon abgehalten, meine Ziele zu erreichen?

- O Die Umstände?
- O Angst vor ungewöhnlichen Wegen?
- O Angst, etwas Neues auszuprobieren?
- O Angst, es nicht zu schaffen?
- O Angst, aus der Reihe zu tanzen?
- O Angst, anderen nicht zu entsprechen?
- O Angst, zu scheitern?
- O Zweifel am Erfolg?
- O Zweifel an mir selbst?
- O Die Meinung von anderen Menschen
- O Anderen nicht zu entsprechen
- O Bequemlichkeit

- O Antriebslosigkeit
- O Das nötige Know-how
- O Zu wenig Kreativität und Einfälle

Welche Lebensbereiche machen mich unzufrieden?

- O Arbeit
- O Wohnsituation
- O Partnerschaft
- O Eltern
- O Kinder
- O Hobbys
- O Gesundheit

Das ärgert mich an anderen:

____

____

____

____

____

____

Das ärgert mich an mir selbst:

____

____

____

____

Was fehlt mir in meinem Leben:

	Ein wenig	sehr	vollkommen
Seelisch:	○	○	○
Geistig:	○	○	○
Materiell:	○	○	○
Zwischen-menschlich:	○	○	○
Gesundheitlich:	○	○	○

Was macht mich betroffen? Was belastet mich?

____

____

____

____

Was verletzt mich?

Wovor habe ich am meisten Angst?

Was bin ich?

Wer bin ich?

Was will ich?

Wie will ich sein?

Was möchte ich ändern?

Was werde ich ändern?

Der beste Beweis
für Geist und Wissen
ist Klarheit!
Petrarca

WAS BIN ICH MIR WERT?

Jeder ist dazu aufgerufen, sein Leben zu meistern. Ob wir wollen oder nicht, wir müssen uns mit den Gegebenheiten arrangieren. Auch wenn wir einiges verändern und viel dazu beitragen können, so gibt es Gegebenheiten und Voraussetzungen, die vorhanden sind. Sich in einer Welt zurechtzufinden, die nicht immer ganz einfach ist, ist wahrlich eine große Aufgabe. Einen Ausweg gibt es nicht. Jeder muss das Leben, das ihm gegeben wird, annehmen. Wir denken immer, dass es andere Menschen leichter haben, was aber nicht stimmt. Nur weil ihre Lebensumstände anders sind oder sie über mehr Geld verfügen, geht es ihnen nicht besser. Angenehmer und leichter bedeutet nicht gleichzeitig gut, auch wenn Vorteile überwiegen. Wir können in niemanden hineinschauen und uns nur an der Fassade orientieren. Diese verfälscht unsere Auffassungsgabe und so wird das, was wir wahrnehmen, als wahr verstanden. Es ist aber nur eine Momentaufnahme, und wer diese interpretiert, kann seine Interpretation nicht als Realität bezeichnen. Vielleicht fällt manchen Menschen einiges leichter, weil sie auf Mittel zur Verwirklichung und Umsetzung zurückgreifen können. Aber dies ist nicht die Ursache für Glück. Glück ist tief in uns verankert. Eine große Portion Selbstwertgefühl reicht nicht aus, um ein zufriedenes Leben zu führen. Wer viel besitzt, hat nicht automatisch ein hohes Selbstwertgefühl. Das kann rein theoretisch auch ein »Armer« haben. Selbstwert hat etwas mit Wertschätzung sich selbst gegenüber zu tun – und mit Respekt. Eine Schauspielerin, die gut aussieht, oder ein Model, das über den Laufsteg spaziert, hat längst noch kein Selbstvertrauen. Das glauben wir vielleicht, das trifft aber nicht zu. Der Grat zwischen Arroganz und Selbstwertgefühl ist schmal und gar nicht so leicht zu erkennen.

Wenn man sich selbst als nichts wert empfindet und sich nichts zutraut, wird ein gesundes Selbstwertgefühl ausbleiben. Die meisten Persönlichkeiten verfügen über ein ausgeprägtes Selbstwertgefühl. Ist dies die Grundlage ihres Erfolges? Es ist sicher hilfreich, an sich zu glauben und von sich überzeugt zu sein. Es gibt aber eine innere Überzeugung und eine persönliche Überzeugung. Viele sind persönlich von sich überzeugt. Die innere Überzeugung hat nichts mit dem Ego zu tun. Es ist ein Wissen, dass es so ist, wie es ist bzw. dass man so ist, wie man ist. Wenn ich innerlich davon überzeugt bin, einen Job zu bekommen, ist das nicht dasselbe, als wenn ich aus Hochmut überzeugt bin. Das innere Wissen läuft über die Wahrnehmung und das äußere Wissen über den Verstand oder die Gefühle. Nicht nur die anderen haben Fähigkeiten – auch du. Hast du das auch schon bemerkt? Bestimmt wurden den anderen die Fähigkeiten in die Wiege gelegt, aber sie haben etwas daraus gemacht. Dieses elementare Gefühl von Selbstwert, das im Laufe des Lebens zunehmen oder abnehmen kann. Dies hat auch etwas mit unserem Umfeld zu tun. Es ist abhängig von unserem Elternhaus, unserer Umgebung, unseren Mitmenschen, Freundschaften und Aufgaben. Wir suchen uns das Leben nicht selbst aus, sondern befinden uns plötzlich mittendrin. Oder hast du dein Leben geplant? Wolltest du es so haben, wie es nun ist? Hast du dir deine Eltern ausgesucht? Deine Lebenssituation? Deine Umstände?

Es gilt als Voraussetzung, an sich selbst zu arbeiten, wenn man ein gesundes Selbstwertgefühl erlangen will. An sich zu arbeiten, heißt nicht, sich zu verbessern, sondern sich zu modellieren, wie eine Skulptur, damit sie sich harmonisch ins Leben einfügt. Wir weisen gewisse Charakterzüge auf, die sozusagen in unseren Genen liegen. Deshalb fällt so manchem Menschen etwas leichter, weil er die Veranlagung dazu hat.

Das mit dem Vergleich hatten wir ja schon. Wir sollten nicht immer auf die anderen schielen und schauen, was sie besser können. Oder feststellen, dass sie besser aussehen, dass sie sich mehr leisten können, dass sie mehr haben oder überhaupt bessere Menschen sind. Diese Vergleiche sind töricht, weil sie uns nicht weiterbringen. Und wozu sollte man sich mit anderen Menschen vergleichen, wo ohnehin jeder weiß, dass jeder Mensch einzigartig ist? Deswegen sollten wir niemandem nacheifern oder anhimmeln, denn das, was wir anhimmeln, können wir jederzeit in uns selbst erwecken. Und wenn es Eigenschaften sind, die uns partout nicht liegen oder uns Mühe bereiten, so freuen wir uns doch für die anderen, dass sie diese einsetzen. Wir müssen nicht immer alles an uns reißen und für uns gewinnen, es ist doch wunderschön, sich für andere zu freuen. Neid und Missgunst schmälern das Selbstwertgefühl und machen uns klein und unansehnlich. Diese unschönen Eigenschaften entspringen nämlich dem Ego, und wenn du dich spirituell ausrichtest und dich nach deinem wahren Menschsein orientierst, wirst du diese Eigenschaften hinter dir lassen können. Du schadest dir damit nur selbst.

Es ist wie mit dem Ärger. Niemand ärgert sich für dich. Wenn du dich ärgerst, ist es immer nur zu deinem Nachteil. Ein schlechtes Gefühl trübt nicht nur die Lebenssituation, sondern auch die Sinne, und es ist höchste Zeit, die guten Eigenschaften hervorzukehren und die alten loszulassen.

Ob negative oder positive Erfahrungen, wir reifen an ihnen. Glaube an dich und erkenne deine eigenen

Werte, nutze sie und sei stolz darauf, dass du über sie verfügen kannst.

Wer an sich selbst glaubt, dem stehen alle Türen offen. Der, der nicht an sich glaubt, kann der beste Redner sein oder der beste Schauspieler, er wird nicht überzeugen. Wenn das Wesentliche fehlt, und das ist eindeutig die innere Ausstrahlung, dann werden Sicherheit und Vertrauen auf der Strecke bleiben.

Wie sieht es mit deiner Rolle aus? Spielst du auch eine Rolle? Bist du dir deiner Masken bewusst? Um mehr über dein Selbstwertgefühl zu erfahren, beantworte bitte folgende Fragen (erweiterte Seminarfragen aus dem Tepperwein-Archiv):

	Ja	Nein
Es fällt mir schwer, aufrichtig zu sein	○	○
Es fällt mir schwer, immer die Wahrheit zu sagen	○	○
Es fällt mir schwer, meine Meinung zu sagen	○	○
Ich bin mit meinem Aussehen unzufrieden	○	○
Ich fühle mich ständig unter Druck		
Ich falle ungern auf	○	○
Ich finde mich nicht besonders interessant und attraktiv	○	○

	Ja	Nein
Ich fühle mich alleine etwas verloren	O	O
Ich fühle mich im Kreis vieler Menschen nicht wohl	O	O
Ich fühle mich anderen oft unterlegen	O	O
Ich habe schnell Schuldgefühle	O	O
Ich kann Dinge nicht für mich behalten	O	O
Ich kann mir selbst schwer Fehler verzeihen	O	O
Ich kann mit mir alleine nicht sehr viel anfangen	O	O
Ich lasse anderen immer den Vortritt	O	O
Ich lerne ungern andere Menschen kennen	O	O
Ich liebe es, beliebt und umgänglich zu sein	O	O
Ich möchte am liebsten im Mittelpunkt stehen	O	O
Ich richte mich oft nach den anderen	O	O
Ich spiele gerne den Überlegenen	O	O
Ich tue alles, um aufzufallen	O	O
Ich tue mich schwer damit, andere während eines Gespräches anzusehen	O	O

	Ja	Nein
Ich übersehe mich selbst, weil ich gerne anderen helfe	O	O
Ich unterdrücke meine Sorgen	O	O
Ich will immer alles perfekt machen	O	O
Mir fehlt es an Durchsetzungsvermögen	O	O

Wenn du die meisten Fragen mit Nein beantwortet hast, möchte ich dir an dieser Stelle gratulieren. Wenn die Antwort Ja überwiegt, empfiehlt es sich, etwas an sich zu arbeiten und sich neu zu definieren. Stecke dir neue Ziele.

Je mehr Ziele ich erreicht habe, umso mehr Selbstvertrauen habe ich. Dann kann ich an mich glauben, weil ich weiß, dass das, was ich ins Auge gefasst habe, funktionieren wird. Selbstvertrauen ist somit keine Eigenschaft, sondern etwas, was sich durch äußere Umstände ergibt, sofern man es persönlich betrachtet. Ich wiederhole: Man unterscheidet zwischen **Selbstvertrauen auf persönlicher Basis** und **Selbstvertrauen**, das **unpersönlicher Natur** ist: Hier vertraut man nicht auf sich selbst als Ich, sondern auf das Selbst. Dem Leben anvertraut. Man vertraut auf Gott. Man vertraut, dass alles, was geschieht, seine Richtigkeit hat.

Wir alle haben Ziele, weil Ziele uns lebendig halten. Ziele sind völlig okay und wunderbar, wenn man sich nicht auf sie versteift. Wenn ein Ziel auf Biegen und

Brechen erreicht werden will, hat das nicht viel mit dem Selbst zu tun. Dann bezieht es sich einzig und allein auf das Ego. Und das wollen wir nicht unbedingt vermehren. Natürlich brauchen wir das Ego, um zu überleben, um uns zu definieren und das Leben zu gestalten. Doch sollten wir es stets bedeckt halten und uns nicht darin verlieren. Persönliche Zielpunkte wie Harmonie, Erfolg, Lebensfreude oder Gesundheit trägt wohl jeder Mensch in sich. Bei jedem sind sie anders ausgeprägt. Um Ziele zielsicher zu erreichen, benötigen wir Unterscheidungsvermögen, den Mut, abzuwarten, Zuversicht und Ausdauer. 100-prozentiges Vertrauen in das Leben haben wir meistens nicht. Warum?

Warum vertraust du nicht? Gab es ein Ereignis, das dich diesbezüglich beeinflusst hat?

____

____

____

____

____

Sobald etwas schiefläuft, geben wir dem Leben oder irgendjemand anderem die Schuld. Fakt ist, dass alles mit uns selbst zu tun hat, ganz gleich ob es sich dabei um Erfolge oder Scheitern handelt. Niemand verursacht für uns Probleme, das tun wir schon selbst.

Mit persönlichen Zielen schadet man nur sich selbst,

- wenn man alles erreichen will
- wenn man zu Übertreibungen neigt
- wenn man versucht, sich alles zurechtzulegen
- wenn man rücksichtslos ist
- wenn man Regeln ignoriert
- wenn dadurch andere zu Schaden kommen
- wenn man andere verletzt
- wenn man zu sehr auf diese eine Sache konzentriert ist
- wenn man keine anderen Gesprächsthemen mehr hat
- wenn man den Augenblick aus den Augen verliert
- wenn man keine anderen Interessen mehr hat
- wenn man alles dafür tun würde
- wenn man sich dabei selbst aufgibt
- wenn wir resignieren, wenn es nicht funktioniert

Unpersönliche Ziele sind deshalb so wertvoll,

- weil alles andere nicht auf der Strecke bleibt
- weil wir den Augenblick nicht aus den Augen verlieren
- weil es ganz von selbst geschehen darf
- weil alles seine Richtigkeit hat
- weil wir nicht traurig, verzweifelt oder verärgert sind, wenn es nicht funktioniert
- weil wir uns nicht an das Ziel binden
- weil wir ungebunden durchs Leben gehen
- weil wir auf das Leben vertrauen
- weil wir nichts erzwingen müssen

Überprüfe deine Ziele. Wenn sie nur für dich einen Vorteil haben und niemand anderem dienen, solltest du dein Ziel neu überdenken. Gedanken tun, was sie wollen. Sie kommen und gehen, wie es ihnen passt. Gedanken sind enorme Kräfte. Alles, was in der Welt existiert, wurde irgendwann erdacht oder gedacht. Jede Tat muss zuerst gedacht werden, so wie das auch bei Erfindungen der Fall ist. So können wir die Bedeutung der Gedanken messen und erkennen, dass Gedankenkräfte Leben verursachen und erschaffen. Dies hat durchaus seine Vorteile. Wir können diese Kräfte gezielt nutzen, natürlich auch um unser Selbstvertrauen und das Selbstwertgefühl zu stärken. Wenn ich der Meinung bin, dass ich nichts wert bin, wie soll ich es dann sein?

Wir sind das, was wir über uns denken. Wenn ich mir nichts zutraue, werde ich auch nichts können. Wie viele Menschen sagen, dass sie dies oder das nicht können, ohne es jemals probiert zu haben. Wir müssen die Dinge nicht versuchen, sondern tun. Jede Handlung beginnt mit einer Tat und jede Tat mit einem Gedanken. Negative Gedanken wirken sich natürlich auf die Folgen aus und somit ist es die Tat, die Handlungen vorprogrammiert. Wenn du ein Morgenmuffel und genervt vom Tag bist, wie soll er dann gut verlaufen? An sich und an allem zu zweifeln und zu nörgeln, bringt sicher keine Vorteile. Natürlich zweifelt niemand freiwillig, aber auch das ist eine Gewohnheit, die wir uns irgendwann angeeignet haben. Als Baby hatten wir keine Zweifel, warum also jetzt?

Daran habe ich immer noch zu nagen – Erlebnisse, die mich verunsichert, verbittert oder aus dem Gleichgewicht gebracht haben (Zögere nicht, es zu benennen. Es ist heilsam, sich etwas von der Seele zu schreiben.):

____

____

____

Ob negative oder positive Programme, sie bestimmen unser Leben. Also sollten wir damit beginnen, alte Gedankenmuster umzuprogrammieren oder nicht mehr zu denken. Wir können nicht bestimmen, welche Gedanken wann zu uns finden, aber wir können sie gezielt von uns weisen. Neben positiven Gedanken sind auch Affirmationen dienlich, die zu unserem Unterbewusstsein sprechen.

Wenn du »Ich bin schön. Ich bin schön. Ich bin schön.« sagst, wirst du bestimmt nicht anders aussehen als zuvor. Du kannst dich aber als schön empfinden. Wenn du vieles an dir nicht magst und viel an dir auszusetzen hast, wirkt sich das auf deine Ausstrahlung aus und die wiederum bestimmt, was dich umgibt und was sich ereignet. Ausstrahlung und Gedanken sind Ursachen, denen eine Wirkung folgen muss. Wenn du weißt, dass deine negative Einstellung zum Leben oder dir selbst gegenüber negativ ist, ist es an der Zeit, diese zu ändern. Worauf wartest du noch? Wenn du weißt, dass dein Gemüseabfall im Müllkübel irgendwann Würmer hervorbringt, wirst du ihn wahrscheinlich entsorgen oder zumindest ins Freie stellen. Wir wissen, dass faule Gedanken eine faule Saat hervorbringen und tun nichts. Wir denken immer weiter. Wir befinden uns ständig in altem, aufgewärmten Gedankengut. Wir befinden uns immer in derselben Schleife und wundern uns, dass das Leben so ist, wie es ist.

Folgende Affirmationen kannst du nutzen, um ein neues Programm zu erschaffen. Diese Affirmationen lösen alte Gedankenmuster ab, die hinderlich sind. Parallel dazu kannst du einen Ausgleich schaffen. Achte darauf, dass dein Gedankenkonto ausgewogen ist. Auf deinem Gedankenkonto gibt es eine Plus- und eine Minusseite. Wenn die Minusseite überwiegt, gerät dein Leben in Schieflage. Um in der Mitte zu bleiben, solltest du für jeden negativen Gedanken einen positiven denken, sofern du nicht in der Lage bist, Gedanken zu ignorieren. Du musst nicht jeden aufkommenden Gedanken stundenlang begleiten und ausbauen. Disziplin ist die eine Sache, Achtsamkeit die andere.

Affirmationen für mehr Selbstvertrauen

1. Meine positive Ausrichtung und meine positive Stimmung sind der Kraftstoff für mein geistiges Wachstum und Gedeihen, der mir jetzt Antrieb gibt.
2. Meine innere Kraftquelle erquickt mich und lässt mich mein Leben meistern.
3. Ich nehme das Spiel des Lebens dankbar an und gestalte mit Freude jeden Tag sinnvoll und kreativ.
4. Ich sage Ja zum Schönen und Wahren im Leben und so wandelt sich alles mit Leichtigkeit.

5. Bewusst und klar erlebe ich jeden Augenblick und genieße alle Facetten des Lebens.
6. Immer mehr erwache ich zu mir selbst und erfülle alle meine Aufgaben mit Freude und Dankbarkeit.
7. Voller Demut blicke ich auf mein Leben und sehe das, was mich stärkt, ohne mich von meinen Schwächen beeinflussen zu lassen.
8. Ich erledige meine täglichen Aufgaben voller Tatkraft und Freude.
9. Ich vertraue mir selbst und weiß, dass ich alles schaffen kann.
10. Alles, was zu mir kommt, ist für mich bestimmt und deswegen ist es nicht schwierig, diese Herausforderungen zu meistern.
11. Ich kooperiere mit den Umständen und zeige dem Leben, dass ich mit ihm fließe und nicht dagegen steuere.
12. Ich denke nur Gedanken, die mein Selbstvertrauen stärken, und lasse alle anderen ziehen.
13. Ich liebe das Leben, und das Leben liebt mich.

Affirmationen, um das Selbstwertgefühl zu stärken

1. Mit einem starken Selbstwertgefühl schaffe ich es mit Leichtigkeit, meine Lebensaufgaben liebevoll anzunehmen.
2. Mein Selbstwertgefühl ist gesund, weil ich alle Wesen so akzeptiere, wie sie sind.
3. Ich erkenne die wunderbaren Gaben, die mir geschenkt worden sind und bringe sie jetzt zum Ausdruck.
4. Ich bin im Einklang mit mir selbst und mit meinem Leben, damit sich alles zum Guten wenden kann.
5. Im Einklang mit mir selbst gebe ich mich der allumfassenden Liebe und Geborgenheit hin.
6. Ich nehme mich so an, wie ich bin und liebe meinen Körper, mein Dasein und mein Wesen.
7. Ich achte darauf, im Einklang zu sein, mit mir und dem Leben.
8. Freudvoll und dankbar – das bin ich in meinem Herzen und ich entfalte mein Selbstwertgefühl.
9. Ich erkenne meinen Wert nicht an äußeren Umständen, sondern an meinem Inneren.
10. Ich bin mitfühlend, denn wer mitfühlt, ist wertvoll und liebevoll.
11. Heute wachse ich über mich hinaus und entfalte mein Selbstgefühl bewusst.

12. Ich bin bereit, die Verantwortung für mein Leben zu übernehmen und bin mir bewusst, dass Wertigkeit über meinen Lebensinhalt bestimmt.
13. Weil ich dem Leben vertraue, vertraut es mir und tritt mir wertvoll gegenüber.

Affirmationen zur Selbstverwirklichung

1. Ich mache andere glücklich und dadurch verwirkliche ich mich selbst.
2. Ich erlaube es allen Veränderungen, zu mir zu finden und mich in ein neues Bewusstsein zu führen.
3. Ich bin bereit, den Weg des Selbst zu gehen – und dieser beginnt jetzt.
4. Alle Talente entfalten sich und bringen mich dem Ziel der Verwirklichung näher.
5. Meine Fähigkeiten unterstützen mich dabei, ganz ich selbst zu sein.
6. Ich lasse alles los, was nicht mehr zu mir gehört und genieße die neu gewonnene Freiheit.
7. Kraft und Liebe begleiten mich durch das Leben, es entfaltet sich zu seiner Größe.
8. Ich bin bereit für die Veränderung und gestatte es dem Leben, mir Verwirklichung zu schenken.
9. Ich schaffe Freiraum für neue Lebensaufgaben und lasse hinter mir, was nicht mehr zu mir gehört.

10. Ich löse Bindungen und öffne dem Freiraum der Veränderung die Türe.
11. Ganz klar erkenne ich meine Aufgaben und meine Ziele und nehme sie liebevoll an.
12. Ich bin ganz ich selbst und bereit, mir und anderen zu verzeihen.
13. Meine Gedanken widmen sich der Schönheit des Lebens und verlieren sich nicht in der Vergangenheit.

Affirmationen für mehr Lebensfülle

1. Ich erkenne jetzt die Fülle des Lebens und öffne mich diesem Reichtum.
2. Ich bin mir bewusst, dass die innere Einstellung für meinen Wohlstand verantwortlich ist.
3. Ich segne alles, weil alles ein Segen ist.
4. Das Geld, das zu mir findet, schenkt mir gute und sinnvolle Möglichkeiten, um mich zu verwirklichen.
5. Die innere Fülle bringt den äußeren Reichtum hervor und ich nehme ihn dankbar an.
6. Ich genieße das Leben, das voller Liebe, Freude und Wohlwollen ist.
7. Ich fließe mit dem Überfluss und hindere ihn nicht, mich zu umgeben.

8. Ich gebe dem Leben in voller Dankbarkeit das zurück, was es mir gegeben hat und dieser Austausch befruchtet mich auf allen Ebenen des Seins.
9. Was auch immer ich erbitte, soll allen Wesen zugutekommen.
10. Reichtum folgt seinen eigenen Gesetzen und ich nehme mir jetzt die Zeit, sie zu erkennen und zu beachten.
11. Ich befinde mich auf dem Weg zum finanziellen Erfolg und dieser steht mir vollkommen zu.
12. Ich erkenne, dass ich bereits alles habe und vermisse nichts.
13. Ich öffne mich dem Lebensfluss mit meiner Dankbarkeit, die Wunder bewirkt.

Eigene Affirmationen:

____

____

____

____

____

ALLE WICHTIGEN 'SELBST'-ASPEKTE AUF EINEN BLICK

- Selbstvertrauen
- Selbstentfaltung
- Selbstverwirklichung
- Selbstverständnis
- Selbsterkenntnis
- Selbstwert
- Selbstliebe
- Selbstimage
- Selbstdisziplin
- Selbstbestimmung

Davon habe ich Folgendes aus den Augen verloren:

1. ______________________________

2. ______________________________

Folgendes werde ich noch umsetzen oder in Angriff nehmen:

1. ______________________________

2. ______________________________

Das sind meine neuen Ziele:

Beruflich

____

____

____

Privat/Partnerschaft

____

____

____

Sonstiges

____

____

____

Was fehlt mir?

____

____

____

____

____

Wie können wir Hindernisse überwinden, um mehr zu uns selbst zu finden? Uns plagt ein schlechtes Gewissen, wir haben Schuldgefühle, Schulden und noch vieles mehr. Es stellt sich die Frage, wie wir diesen Ballast bekommen haben oder dort hineingelangt sind. Du hattest ja nicht immer schon Gewissensbisse, und auch Schuldgefühle hast du nicht in die Wiege gelegt bekommen.

Und wie sieht es mit den Schulden aus? Lass uns vorerst beim Thema Schuld bleiben, denn Schuldgefühle, die uns plagen, schwächen auch unser Selbstwertgefühl. Wir fühlen uns in vielerlei Hinsicht schuldig.

Vielleicht haben wir das Gefühl, für jemanden nicht genug getan oder uns selbst nicht genug zugetraut zu haben. Schuldgefühle den Kindern, dem Partner oder Freunden gegenüber, oder auch Schuld in Form von Vorwürfen, die wir uns selbst machen. Schuld hat etwas Dogmatisches an sich und findet ihren Ursprung in religiösen Institutionen. Jahrelang wurde uns eingeredet, dass wir Sünder sind und etwas besser machen müssen. Wir hatten Schuld an diesem oder jenem und mussten zur Beichte. Die Schuld war vielleicht nicht verschwunden, aber wir hatten ein besseres Gewissen. Wenn der Herd plötzlich nicht mehr funktioniert, wer hat Schuld? Der Strom, das Gerät an sich oder der, der den Herd benutzt hat? Sind wir wirklich schuld, wenn wir eine Prüfung nicht schaffen? Können wir es steuern? Haben wir es in der Hand?

Ganz gleich, ob wir genug oder zu wenig gelernt haben, inwieweit können wir den Ausgang einer Prüfung beeinflussen?

Glaubst du, dass du den Ausgang einer Prüfung (abgesehen vom Lernen) beeinflussen kannst?

O JA O WEISS NICHT O NEIN

Auch wenn du gelernt hast, sogar viel gelernt hast, bedeutet dies nicht, dass du die Prüfung schaffen wirst. Es können z. B. Fragen kommen, die du einfach nicht beantworten kannst.

Du siehst also: Es liegt nicht in deiner Hand. Ist es Bestimmung? Fügung? Ist es Zufall oder Schicksal? Wir können nicht alles dem Leben in die Schuhe schieben. Dennoch ist es so, dass es Dinge gibt, die sich einfach ergeben – oder auch nicht. Dies hat ganz bestimmt nichts mit Zufall zu tun, sondern eher mit dir selbst.

Schaue einmal hin, wie du dich verhältst. Wie bewegst du dich, wie denkst du, wie fühlst du, wie reagierst du, welche Sichtweise hast du, wie sprichst du, wie tickst du, welche Haltung nimmst du ein, welche Meinung hast du etc.? Das alles hat einen Einfluss darauf, wie sich Dinge in deinem Leben entwickeln. Was auch immer geschieht, ist die Folge einer Ursache, die du willentlich oder auch unbewusst gesetzt hast. Dies bedeutet nicht, dass du schuld bist, wenn etwas schiefläuft, es bedeutet lediglich, dass das Leben deinen unbewussten Anweisungen gefolgt ist. Es folgt dir als Ursache, und so wie du dich bewegst, wie du denkst, wie du fühlst, wie du reagierst, wie du die Dinge siehst, wie du sprichst, wie du tickst, die Haltung, die du einnimmst, und welche Meinung du hast, sind Anweisungen. Anweisungen an das Leben, wie es sich verhalten muss. Wie es sich spiegelt und wie es dir gegenübertritt. Es kann sich dir gegenüber nur so verhalten, wie du dich ihm gegenüber verhältst.

Dies bedeutet, dass es wie ein sichtbarer Abdruck deiner Innenwelt und deinem der Außenwelt gegenüber ist.

Wenn du in den Badezimmerspiegel schaust, kannst du nicht dein Auto sehen. Das Spiegelbild entspricht dem, was sich vor ihm im Raum befindet. Dein Befinden ist abhängig von äußeren Umständen und dies gilt es zu ändern. Wenn du dich von allem beeinflussen lässt, was rund um dich herum geschieht, sieht dein Leben düster aus. Düster, weil du in emotionaler Hinsicht in Abhängigkeit zu den Umständen lebst. Du wirst sicher keinen Freudensprung machen, wenn du deinen Job verlierst, aber du wirst ihn auch nicht wiederbekommen, wenn du den Kopf hängen lässt. Der Verlust ist bestimmt nicht angenehm, aber auch kein Weltuntergang. Schaue nach vorne und halte nach Neuem Ausschau. Öffne dich der Veränderung. Beschäftige dich nicht zu sehr mit Altem, es ist längst schon vorbei und kommt nicht mehr wieder. Jetzt ist wichtig, was kommt und nicht das, was war. Dieses Verhalten schenkt dir Selbstvertrauen und Selbstwert. Sei es dir wert, dich so zu verhalten, dass du Achtung vor dir selbst wahrst. Wer den Kopf hängen lässt, jammert, leidet oder verzweifelt ist, dem wird der Selbstwert nicht hinterherlaufen. Erlaube dir, traurig zu sein und befreie dich danach davon. Schüttle es ab! Steh auf und geh weiter. Schau nicht zurück und nimm wahr, was dir das Leben jetzt zu bieten hat. Der Augenblick wird es dir zeigen.

Um auf die Schulden zurückzukommen: Es gibt verschiedene Arten von Schulden. Es gibt materielle, seelische und geistige Schulden, die wir sozusagen nicht bezahlt haben. Sie versperren uns den Weg zur Vollkommenheit. Schulden sind immer disharmonisch und sollten in irgendeiner Form beglichen werden. Dies bedeutet nicht, dass dies 1 zu 1 geschieht, sondern in irgendeiner Form stattfinden sollte. Wenn ich also das Gefühl habe, ich habe von jemandem zu viel genommen, muss ich es ihm nicht direkt zurückgeben, sondern kann den Betrag zum Beispiel anderweitig weitergeben. In Form einer Spende, oder indem ich jemand anderem etwas Gutes tue. Schulden auf materieller Ebene sind übersichtlich. Sie kann man nicht so leicht aus den Augen verlieren, auch wenn man es gerne möchte. Die Augen zu verschließen und so zu tun, als ob nichts wäre, ist auch keine Lösung. Das wissen wir alle. Ich kann auch bei jemandem in der Schuld stehen, weil er sehr viel für mich getan hat. Zumindest kann man dieses Gefühl haben. Eigentlich ist dies aber nicht richtig, weil wir überhaupt nicht in der Schuld eines Menschen stehen können. Wir können uns einbilden, dass dies so ist, aber es ist nur unser Empfinden.

Hast du einen Menschen in deinem Umfeld, von dem du glaubst, ihm etwas schuldig zu sein?

Stehst du bei jemandem in der Schuld?

Erwartest du von jemandem immer noch ein Dankeschön, eine Gegenleistung, ein Entgegenkommen oder eine Hilfe?

○ JA ○ WEISS NICHT ○ NEIN

Was hast du für jemanden getan, wo du das Gefühl hast, dass etwas oder mehr zurückkommen müsste?

Nehmen wir an, jemand tut etwas für dich. Warum solltest du dann auch für ihn etwas tun müssen? Wer etwas nicht freiwillig tut, soll es bleiben lassen. Auch du solltest nicht für jemanden etwas tun und dann erwarten, dass er für dich etwas tut. Wahres Geben ist Menschlichkeit und die kommt von Herzen, frei von Erwartungen und ohne Forderungen zu stellen. Das Ego kann sehr berechnend sein. Wir glauben, wenn wir jemandem etwas gegeben haben, müsste er uns in irgendeiner Form etwas zurückgeben oder zur Verfügung stehen. Wenn das bei dir nicht der Fall ist, hast du etwas Gutes getan. Dies sollte Lohn genug sein, denn es gibt nichts Schöneres, als anderen Menschen zu helfen und für sie da zu sein. Man erhält gerne Hilfe, sieht das Thema aber oft von einer anderen Seite, wenn es darum geht, zu geben. Nehmen und Geben sollten immer ausgeglichen sein und es gibt Menschen, die mehr nehmen als geben. Gehörst du auch dazu? Es gibt auch sehr viele, die von ganzem Herzen geben und sich beim Beschenken genauso freuen, wie es der Beschenkte tut. Dies ist ein wahres Geschenk, wenn beide so fühlen.

Solltest du in irgendeiner Form Schuldgefühle haben oder in einer Schuld stehen, so nimm dir die Zeit, dies umgehend zu harmonisieren. Es wird dein Selbstvertrauen stärken und dir inneren Frieden schenken. Es ist nicht gut, mit solchen Gefühlen herumzulaufen, weil sie sich in jeder Hinsicht auf dein Leben auswirken. Sie beschränken dich und engen dich ein. Sie halten dich klein und erlauben dir nicht, über dich hinauszugehen. Etwas, was einen belastet, schafft Druck und dieser Druck wird sich in irgendeiner Form auch im Außen widerspiegeln.

Denk an die Person, die dir ein ungutes Gefühl beschert. Denk an das, was zwischen euch steht und dann stell dir vor, dass du ihr gegenüberstehst. Nun verzeihe, indem du vor deinem geistigen Auge zum Beispiel wie folgt sprichst: *Es tut mir leid, dass ich dir unrecht getan habe. Ich verzeihe dir dein Verhalten und verzeihe wiederum du mir, dass ich Ansprüche und Erwartungen an dich gestellt habe. Ich bin im Reinen mit dir und mit mir selbst. Ich verzeihe uns.*

Dann spüre das gute Gefühl, das dich durchströmt, und wenn du möchtest, verlasse diesen inneren Raum oder denk an eine Geste. Du kannst die Person zum Beispiel umarmen, wenn dir danach ist, wenn nicht, schließe dieses Ritual ab.

Verzeihen ist Heilung. In erster Linie ist es wichtig, dir selbst zu vergeben. Vergib dir, dass du den anderen nicht so akzeptieren konntest, wie er ist. Ganz gleich, was er getan oder gesagt hat, wie er sich verhalten hat oder was auch immer geschehen ist, ihn trifft keine Schuld. Er darf sein, wie er ist, und so wie er ist, ist er in Ordnung. Und das trifft auch auf dich zu. Wo ist dein Selbstvertrauen? Wo ist dein Selbstwert hin verschwunden? Warum traust du dir nichts zu? Warum bist du so streng mit dir selbst und anderen? Warum akzeptierst du nicht einfach das Leben in allen Facetten und wie all seine Lebewesen sich verhalten?

Stelle dir diese Fragen, aber sei nicht zu streng zu dir selbst. Es ist völlig okay, dass du dich so verhalten und so gefühlt hast und dafür musst du dich nicht verurteilen. Du musst dich auch nicht schuldig fühlen. Du konntest in diesem Moment nicht anders handeln und fühlen. Sei nachsichtig mit dir und mit deinen Mitmenschen und erwache zum Selbstvertrauen, das du in dir bereits bist. Es gibt keinen Grund, sich weiter in schweren Gemütsverfassungen zu baden. Steig aus dem Schuldenprogramm aus und fühl dich frei.

Folgenden Menschen verzeihe ich jetzt und mit folgenden Situationen söhne ich mich aus:

Gibt es noch irgendeine Sache, die mit Schuld behaftet ist? Etwas, was du nicht loslassen kannst oder etwas, was tief sitzt?

○ JA ○ WEISS NICHT ○ NEIN

Oft tut es gut, sich etwas von der Seele zu schreiben. Wenn dich etwas belastet, dann halte es fest. Wenn du es nicht hierher schreiben möchtest, nimm ein Blatt Papier zur Hand und verbrenne es anschließend. Du kannst es behalten, in ein Kuvert stecken oder in der Nähe einer Kerze verwahren. Und irgendwann kannst du es entsorgen oder verbrennen. Mach es liebevoll und bewusst, indem du dir dabei völlig bewusst bist, dass du diese Sache übergibst, abgibst und beendest. Du lässt sie nicht nur los, du entlässt sie für immer.

Folgendes belastet mich noch:

Vergiss nie, dass es für jedes Problem einen Ausweg gibt und das Thema Schuld jederzeit abgelegt werden kann. Jeder Augenblick kann der richtige sein.

Auch jetzt!

WAS DICH SCHWÄCHT

Neben der Schuld gibt es auch noch das Selbstmitleid, das uns schwächt und das wir ablegen sollten. Es wirkt sich belastend auf uns aus. Außerdem macht es uns unattraktiv. Wie sieht das bei dir aus? Trauerst du gern, hast du oft Mitleid mit dir selbst und findest du, dass dir oft Unrecht geschieht? Meint es das Leben nicht gut mit dir, oder gibt es Menschen, die dir nicht gut gesinnt sind oder besser gesinnt sein könnten? Wenn du nur ein kleines Anzeichen dieser Gefühle entdeckst, solltest du alles daransetzen, dich von ihnen zu verabschieden. Selbstmitleid zieht dich hinunter, und je mehr du davon hast, umso weniger Selbstvertrauen kommt zum Vorschein. Das Selbstmitleid verdeckt sozusagen das Selbstvertrauen, es wird überlagert. Erhalte das nicht am Leben!

Mach dich nicht schwächer, als du es bist. Tue nicht weiterhin so, als ob du unfähig wärst, Glück zu empfangen. Glück ist kein Zustand, kein Zufall und auch kein Geschenk, sondern eine Tatsache, die jederzeit gegeben ist. Das Glück kann uns auch nicht verlassen, es können sich nur Umstände ändern, und wenn wir damit nicht einverstanden sind, hat dies nichts mit Unglück zu tun. Mit Selbstmitleid untergräbst du dein Selbstvertrauen, deinen objektiven Sinn und belastest dich und deine Umgebung mit deinem destruktiven Verhalten. Dieses ist ganz bestimmt kein Gewinn oder Genuss für die Gesellschaft, sondern eine Belastung.

Es ist sehr einfach, sich im Selbstmitleid zu baden und anderen die Schuld zu geben. Dies bedeutet nicht, dass man schwach ist, sondern dass man nicht bereit ist, Verantwortung für sein Leben zu übernehmen. Jeder Mensch kann alles meistern, wenn er es will. Aber nicht in Form von Durchsetzungsvermögen, sondern in Form von innerer Stärke. Wo Selbstmitleid ist, sind Depressionen, Misserfolg, Unzufriedenheit und Krankheit nicht weit. Kein Wunder, es schwächt uns, und was uns schwächt, macht uns instabil. So wie ein Baum mit Verletzungen Wucherungen bekommen kann, weil Bakterien eindringen, so ist es auch bei einem Menschen, der sich mit Selbstmitleid selbst verletzt. Diese Selbstverletzungen konstruieren Risse, die durchlässig sind und alles Schwache aufnehmen und verstärken. Die dicke Wulst bei Bäumen nennt man übrigens Baumkrebs. Die sehen eigentlich schön aus, da sie meist kugelförmig sind.

Da fällt mir ein, dass zu Selbstmitleid neigende Menschen zu Übergewicht neigen. Sie legen sich sozusagen einen Schutzpanzer zu. Das sieht nicht ganz so gut aus wie bei Bäumen und schadet auch der Gesundheit. Wenn man krank wird, weicht man oft unüberlegt auf Medikamente aus, anstatt Ursachen zu hinterfragen und zu beachten. Somit wird auch ständig die Hilfe anderer beansprucht und man wirkt anstrengend. Nicht nur die anderen nehmen einen als mühsam wahr, auch man selbst empfindet sich so. Selbstwert und Selbstachtung kommen dort, wo Selbstmitleid ist, nicht vor. Das ist definitiv so und dessen solltest du dir bewusst sein. Man muss nicht ständig im Selbstmitleid schwelgen, um es zu empfinden. Wenn du zum Beispiel bedauerst, dass du deinen Job verloren hast, ist bereits eine Tendenz gegeben. Warum etwas bedauern, was dir das Leben genommen hat? Denkst du, es nimmt dir etwas weg, um dich zu ärgern? Wenn dir etwas genommen wird, wird dir immer etwas anderes dafür gegeben. Du musst es aber zulassen. Und du musst dich von Anhaftungen lösen, um das Neue zu entdecken. Wenn du unbedingt am Genommenen festhalten möchtest, kannst du das tun. Das erzeugt aber ein Problem. Das Problem liegt nicht darin, dass du etwas verloren hast, sondern dass du dich mit den neuen Umständen nicht arrangierst, nicht arrangieren willst. Du willst es anders haben. Nicht der höchste Wille zählt, sondern deiner. Wenn du so denkst, wirst du immer wieder verzweifelt sein. Dieses starre und egoistische Verhalten bringt nichts und schadet dir. Warum es also weiter zelebrieren?

Es ist an der Zeit, sich selbst zu betrachten und zu beobachten, wie man sich verhält. Es gibt immer einen Weg, sich anders zu verhalten, wenn man nur will. Doch das Ego ist stur und trotzig. Wenn etwas geschieht, was ihm nicht in den Kram passt, oder nicht seinen Vorstellungen entspricht, neigt es zu Trotz. Trotz ist auch nichts anderes als Selbstmitleid. Wenn du allem, was geschieht, offen gegenübertrittst, hat Selbstmitleid bestimmt keinen Platz mehr in deinem Leben. Du brauchst auch niemanden mehr zu beschuldigen und auf niemanden sauer zu sein. Nicht auf den anderen und auch nicht auf dich selbst. Und schon gar nicht auf das Leben, das nur das Echo deiner »Stimme« ist. Und deine »Stimme« setzt sich aus deinem Verhalten, deinen Gedanken, Gefühlen, Worten und Taten zusammen. Deine Lebensstimme gibt den Ton an und der Ton macht die Musik. Und die Musik ist das, was du als dein Leben bezeichnest.

Neigst du dazu, andere, dich selbst oder das Leben schuldig zu sprechen?

○ JA ○ WEISS NICHT ○ NEIN

Daraus resultiert das Selbstmitleid, das auch im Trotz, in der Sturheit und im Widerstand enthalten ist. Schau hin, ob es in deinem Leben noch Situationen gibt, wo du dich dagegenstellst. **Mit welchen Situationen bist du nicht einverstanden?**

Mit welchen davon könntest du dich jetzt arrangieren und aussöhnen?

Welche könntest du so sein lassen, wie sie sind?

Bei welchen könntest du dich bedanken, dass du durch sie erkannt hast, dass jetzt neue Schritte notwendig sind und du dich daher der Veränderung öffnest?

Vergiss nie, dass *du* die Fäden deines Lebens in den Händen hältst. Die Zukunft folgt dir und alles ist möglich, wenn du jetzt bereit bist, alte Gewohnheiten hinter dir zu lassen. Du bist Herr deines Schicksals und du kannst schlechte Angewohnheiten und Eigenschaften jederzeit hinter dir lassen. In der Regel streben wir alle größere Ziele an und dafür müssen wir kleinere und unwesentlichere hinter uns lassen. Lass ungute Verhaltensweisen los und lade Größe in dein Leben ein. Setze alle deine Fähigkeiten ein, um einen Wandel zu vollziehen. Du hast viel mehr Fähigkeiten, als du glaubst, und wirst ihrer sicher eingedenk, wenn du dich wieder daran erinnerst, zu Mut und Kraft zurückzukehren.

- Sag ja zu Veränderung!
- Sage Nein zum Klagen!
- Sei aktiv statt passiv!
- Handle jetzt!

KOMMUNIKATION LEICHT GEMACHT

Schüchterne Menschen haben oft Probleme in der Kommunikation. Aber auch andere sind davor nicht gefeit, unsicher zu werden, sobald sie mit anderen Menschen in Kontakt treten. Kommunikation scheint für viele Menschen schwierig zu sein und ist bestimmt für uns alle nicht einfach. Wir reden ständig aneinander vorbei, auch wenn wir glauben, dass wir vom gleichen Thema sprechen. Jeder hat seine Bilder im Kopf und denkt in seiner ganz spezifischen Art. Ein Wunder, dass wir uns verstehen, wo wir doch nie vom selben sprechen können, weil wir alle andere Erfahrungen und Bilder im Kopf abgespeichert haben. Das Wort Kommunikation kommt aus dem Lateinischen. Es bedeutet »communicatia«, was so viel wie Mitteilung, Verständigung oder gemeinsame Unternehmung bedeutet. Es umfasst alle Bereiche der Mitteilung, jede Geste sozusagen etwas Kommunikatives. Was auch immer du tust, du kommunizierst dabei. Auch die Körpersprache ist ständig gegeben und wirkt ebenso auf andere ein. Diese Auswirkung sollten wir nicht unterschätzen und deshalb darauf achten, welche Signale unser Körper abgibt und wie er sich auszudrücken vermag. Wenn du jemandem einen Blumenstrauß schickst, kommunizierst du mit ihm. Wenn du mit jemandem nicht sprichst, kann ebenfalls Kommunikation stattfinden, wenn auch auf eine andere Art und Weise.

Sogar wenn du nur an jemanden denkst, beginnt eine Art der Kommunikation, auch wenn sie unsichtbar bleibt. Auch Musikstücke kommunizieren, sie teilen uns etwas mit. Menschen, die die Gabe besitzen, Stücke zu komponieren oder Lieder zu schreiben, geben nicht nur Informationen weiter, sondern schreiben sich Ballast von der Seele. So schreiben und singen sich Menschen etwas von der Seele und warten mit einer Botschaft auf. Es ist eine Gnade, wenn man dieses Geschenk erhält, es gibt aber auch andere Vakua, um sich seiner Sorgen zu entledigen. Man kann malen, schreiben, sich handwerklich betätigen oder sie auch in Form von körperlichen Übungen, also Bewegung, kompensieren oder auch transformieren. Jeder muss seine eigene Art finden, um der Stimme seiner Seele Ausdruck zu verleihen.

Aber nun zurück zur Kommunikation. Schauen wir in die Kindheit, so erkennen wir eine ganz andere Form der Kontaktaufnahme. Ein Kind nimmt die Dinge vorerst indirekt wahr. Lass uns das an einem gemeinsamen Beispiel anschauen: Ein Kind sieht eine Katze und nimmt sie nebenbei wahr. Danach geht es auf die Katze zu und möchte sie berühren. Anschließend versucht es direkt mit der Katze in Kontakt zu treten und glaubt, dass die Katze es versteht. Nun spricht es mit der Katze und zieht sie, im ungünstigsten Fall, am Schwanz. Das Kind interagiert sozusagen, indem es sich mit der Katze als Einheit betrachtet. Es gehört dazu. Vorher war da nur eine Katze und jetzt ist es selbstverständlich Teil davon. Der Erwachsene erlebt das anders. Er sieht sich nie als Teil davon, sondern betrachtet den anderen als etwas Außenstehendes. Das, was er sieht, ist sein Gegenüber, ist außerhalb von ihm selbst. Er versteht sich als Mittelpunkt seines Universums und erlebt die Welt so, als ob es die eine Realität wäre. Dass die Welt aber nur seine Form der Interpretation ist, ist ihm nicht bewusst. Die Gedanken, die er sich über die Welt macht, sind genau das, wie er die Welt sieht. Er sieht die Welt also nicht unverfälscht, sondern so, wir er über sie denkt und wie er sie durch Erfahrungen und Erinnerungen wahrgenommen und danach abgespeichert hat. So erlebt jeder seine Realität, woraus sich seine Art der Kommunikation ergibt.

Wie sieht es mit deiner Kontaktfähigkeit aus? Wie kommunizierst du? Hast du Schwierigkeiten, dich auszudrücken? Fällt es dir leicht, auf andere zuzugehen, oder hast du Probleme, dich für andere zu öffnen?

DIE KUNST DER ENTSCHEIDUNG

Wer unsicher ist, tut sich meist schwer damit, Entscheidungen zu treffen. Fehlendes Selbstvertrauen und ein Mangel an Selbstwert beinhalten eine Unsicherheit, die alles andere als angenehm ist. Man bekommt eine Frage gestellt und weiß nicht, was man sagen soll. Will ich, oder will ich nicht? Soll ich, oder soll ich nicht? Was soll ich tun? Wie soll ich mich entscheiden?

A: Wollen wir uns am Freitag treffen? B: Ich weiß nicht so recht. Das kann ich noch nicht sagen. Eventuell sollte ich zu Hause noch etwas erledigen oder ...

Was jetzt? Ja oder nein?

Du bringst jemandem etwas mit und fragst ihn, ob er die Tasche behalten will. Meist folgt dann kein eindeutiges Ja oder Nein, sondern erst einmal Schweigen. A: Willst du die Tasche behalten? B: Möchtest du sie wieder mitnehmen? Oder alternativ: B: Ich weiß nicht, was meinst du?

Warum tun wir uns mit Entscheidungen so schwer – oder besser gesagt: Warum schaffen wir es nur selten, uns klar auszudrücken? Zu jeder Frage gibt es unendlich viele Antworten und noch mehr Geschichten, die sich dazudichten lassen. Alles gut und recht, aber damit beantwortet sich die Frage nicht. Ist es wirklich so schwer, klare Antworten abzugeben? Ist es Unschlüssigkeit, Unsicherheit oder falsche Rücksicht? Wollen wir uns so entscheiden, wie es für den anderen gut ist, oder wie wir annehmen, dass es für ihn gut wäre? Warum sagen wir nicht einfach klipp und klar, was wir spontan fühlen? A: Willst du die Tasche behalten? B: Ja.

Alternativ: B: Nein.

Meistens aber fällt die B-Antwort anders, eventuell folgendermaßen, aus: B: Ja, gerne. Ich habe Taschen so gerne. Ich sammle sie, und weißt du, ich habe letzte Woche ... und dann ... Weißt du, es ist nämlich ...

Es folgt ein Roman, der uns abschweifen lässt und alle Beteiligten langweilt. Es nervt einen selbst, wenn man diesem ständigen Redeschwall nachgibt und freien Lauf lässt.

Eine weitere Variante von B: Nein. Ich habe schon so viele Taschen und möchte nichts Unnötiges mehr ansammeln. Ich bin gerade am Entrümpeln und letzte Woche habe ich ...

Ich ertappe mich oft selbst dabei, die Beantwortung einfacher Fragen in die Länge zu ziehen. Es reicht eigentlich ein Wort, aber irgendwie erwische ich mich dabei, ebenfalls eine Geschichte dranzuhängen. Ist Redseligkeit normal? Ist es Unsicherheit? Was ist so schwierig daran, beim Fakt zu bleiben und die Sache auf den Punkt zu bringen? Ich denke, dass uns das alles etwas angeht, und wenn wir uns selbst dabei beobachten, wie wir antworten, wie wir dabei fühlen und aus welchem Aspekt wir sagen, was wir sagen, können wir viel über uns lernen. Wir können herausfinden, wo unsere Schwächen liegen und wo wir noch klarer werden könnten.

Du wirst bemerkt haben, worauf ich hinauswill. Selbstsicherheit und Selbstvertrauen sind kompromisslos, eindeutig und klar – und das sind kilometerlange Antworten nun mal nicht!

Wie antwortest du im Allgemeinen? Verlierst du dich auch in Details oder kannst du bei der Sache bleiben? Neigst du dazu, in Romanform zu antworten oder bringst du deine Antwort auf den Punkt?

Meine Schwäche liegt darin, dass ich

____

____

____

____

____

Meine Stärke liegt darin, dass ich

____

____

____

____

____

Gehen wir nun, nach diesem Exkurs zum Thema Antworten, wieder zu unserem Hauptthema, den Entscheidungen, zurück. Soll ich mich trennen oder nicht? Soll ich meine Arbeitsstelle wechseln oder behalten? Soll ich umziehen oder in der Wohnung bleiben? Soll ich meinen Typ verändern oder alles lassen, wie es ist? Es gibt unzählige Fragen, die uns ständig durch den Kopf gehen. Diese Fragen sind völlig normal, doch bei genauerem Hinsehen erkennen wir, dass viele davon überflüssig sind. Wenn ich in einer Beziehung bin und sich die Frage stellt, ob ich mich trennen soll, müsste ich mich eigentlich fragen, warum ich noch in der Beziehung bin? Wenn ich mich jetzt dazu entscheide, die Beziehung zu beenden, ist der Zeitpunkt der richtige.

Solange ich mich noch nicht entschieden habe, ist die Trennung auch noch nicht an der Reihe. Ich hätte mich ja bereits entschieden, wenn es stimmen würde. Sich jeden Tag dieselben Fragen zu stellen, bringt uns nicht weiter. Es kostet uns nur Energie und ist eigentlich Zeitverschwendung. Wie soll etwas Neues in unser Leben kommen, wenn unser Kopf und unser ganzes Dasein ständig von Gedanken besetzt sind? Wie ein Adler kreisen wir darum und lassen sie nicht los. Dann beschweren wir uns, dass das Denken so anstrengend ist und nicht enden will, anstatt es einfach sein zu lassen. Du kannst nicht bestimmen, wann Gedanken kommen und welche dich ereilen. Aber du kannst sehr wohl bestimmen, dass du gewisse Gedanken nicht mehr denkst und ihnen einfach keine Aufmerksamkeit mehr schenkst.

Soll ich einen neuen Job annehmen? Solange es keine neue Möglichkeit gibt oder du nicht bereit bist, danach Ausschau zu halten, brauchst du dir diese Frage nicht zu stellen. Das Leben zeigt dir auf, in welche Richtung es gehen soll, wenn du im Kopf still wirst und ihm vertraust. Schenke nicht nur dem Leben, sondern auch dir selbst Vertrauen und lass Fragen einfach an dir vorbeiziehen. Setze mehr auf das Gefühl und setze Ursachen, damit sich mögliche Wirkungen daraus ergeben können. Es geht nicht darum, etwas zu tun, um etwas Bestimmtes zu erreichen, sondern etwas zu tun, damit das geschieht, was für dich gedacht ist. Und zwar nicht von dir selbst, sondern vom Leben. Das Leben beruht auf einem großen Plan, der es gut mit dir meint. Hast du das noch nicht bemerkt?

Viele Menschen sind unglücklich in ihrer Lebenssituation, sei das in der Partnerschaft, im Beruf, in gesundheitlicher Hinsicht, mit der Wohnsituation, mit ihrem Aussehen, ihrem Kontostand oder was auch immer. Wir könnten stundenlang, tagelang, ja, jahrelang über all das nachdenken, was wir nicht möchten, was wir versäumt haben, was sein könnte oder auch nicht. Setzen wir diese Energie anders ein und leben wir das, was wir jetzt tun, bewusst, und wenn unser Gefühl sagt, dass es nicht mehr für uns passt, dann handeln wir. Dieses ewige Hin- und Herüberlegen kostet sehr viel Kraft und damit schaden wir uns selbst.

Mir fällt es schwer, Entscheidungen zu treffen, weil

____

____

____

____

____

Ich entscheide immer ganz spontan und es fällt mir gar nicht schwer, weil

Folgende Lebensbereiche würde ich sofort ändern, wenn ich den Mut und den Impuls dazu hätte:

Folgende Punkte sollen dir dabei helfen, Entscheidungen zu treffen und klarer zu werden:

1. Das Bauchgefühl. *Du weißt ganz genau, was du tun sollst. Eine Unsicherheit basiert nur auf zu wenig Vertrauen in das Leben. Es kann dir nichts passieren, wenn du deinem Gefühl folgst. Wovor hast du Angst? Wovor fürchtest du dich?*

Ein momentanes Problem oder die Situation, wo eine Entscheidung ansteht, die du bisher nach hinten geschoben hast, betrifft folgenden Bereich:

Was sagt mein Bauchgefühl?

Ist die Situation deshalb so schwierig oder unangenehm, weil ich eventuell schwierig bin oder mich schwierig verhalte? (Versuche die Schuld nicht auf andere zu schieben oder die Situation zu bewerten oder zu verurteilen, sondern bleibe bei dir und schau genau hin, was es ist und woran es liegt, dass du die Umstände ändern möchtest.)

Was passt mir an der momentanen Situation nicht?

____

____

____

____

____

Warum will ich es ändern? Wovor will ich ausweichen und was ist mir unangenehm?

____

____

____

____

____

Beendet das Beenden der Situation oder der Umstände nicht nur mein Unwohlsein? Nehme ich das

Problem nicht in die nächste Situation mit, weil ich eventuell nicht bereit bin, an mir zu arbeiten, irgendwo hinzusehen oder etwas zu erkennen?

Kann ich mich mit der Situation nicht arrangieren oder will ich es nicht?

○ JA ○ WEISS NICHT ○ NEIN

Meine Meinung dazu:

Meine Meinung dazu, wenn ich die Situation oder den anderen außen vorlasse und nur mich selbst betrachte. Was kann ich tun oder ändern, damit sich die Situation auch ohne Veränderung harmonisiert?

Möchte ich eventuell nur ausweichen oder davonlaufen?

O JA O WEISS NICHT O NEIN

Meine Meinung dazu:

Meine Meinung dazu, wenn ich die Situation oder den anderen außen vorlasse und nur mich selbst betrachte. Was kann ich tun oder ändern, damit sich die Situation auch ohne Veränderung harmonisiert?

Gibt es eine Möglichkeit, in der Situation zu bleiben und an meiner Sichtweise etwas zu verändern?

○ JA ○ WEISS NICHT ○ NEIN

Meine Meinung dazu:

Meine Meinung dazu, wenn ich die Situation oder den anderen außen vorlasse und nur mich selbst betrachte. Was kann ich tun oder ändern, damit sich die Situation auch ohne Veränderung harmonisiert?

Fehlt es an Akzeptanz?

O JA O WEISS NICHT O NEIN

Meine Meinung dazu:

Meine Meinung dazu, wenn ich die Situation oder den anderen außen vorlasse und nur mich selbst betrachte. Was kann ich tun oder ändern, damit sich die Situation auch ohne Veränderung harmonisiert?

Fehlt mir die notwendige Einsicht, um Veränderung geschehen zu lassen?

O JA O WEISS NICHT O NEIN

Meine Meinung dazu:

Meine Meinung dazu, wenn ich die Situation oder den anderen außen vorlasse und nur mich selbst betrachte. Was kann ich tun oder ändern, damit sich die Situation auch ohne Veränderung harmonisiert?

Kann es sein, dass ich etwas nicht sehe, weil ich es nicht sehen will? Weil es für mich unangenehm ist und mit mir zu tun hat?

○ JA ○ WEISS NICHT ○ NEIN

Meine Meinung dazu:

Meine Meinung dazu, wenn ich die Situation oder den anderen außen vorlasse und nur mich selbst betrachte. Was kann ich tun oder ändern, damit sich die Situation auch ohne Veränderung harmonisiert?

Ist mir in ähnlichen Situationen schon dasselbe widerfahren, was sich nur wiederholt und darauf pocht, mich anders zu verhalten und mich mit den Umständen auszusöhnen?

O JA O WEISS NICHT O NEIN

Meine Meinung dazu:

Meine Meinung dazu, wenn ich die Situation oder den anderen außen vorlasse und nur mich selbst betrachte. Was kann ich tun oder ändern, damit sich die Situation auch ohne Veränderung harmonisiert?

Fühle ich mich verletzt und bin nicht bereit, zu verzeihen?

O JA O WEISS NICHT O NEIN

Meine Meinung dazu:

Meine Meinung dazu, wenn ich die Situation oder den anderen außen vorlasse und nur mich selbst betrachte. Was kann ich tun oder ändern, damit sich die Situation auch ohne Veränderung harmonisiert?

Schau dir zum Abschluss die Situation aus der Perspektive des anderen an und betrachte die Umstände, ohne dich emotional einzubringen. **Ändert sich etwas daran, sich aus der Situation lösen zu wollen oder gibt es Einsichten, die dich die Lage neu überdenken lassen?** Vielleicht wirst du auf dich selbst zurückgeworfen und erkennst, dass dir die Situation etwas sagen will. **Was kannst du daraus lernen? Wo kannst du dich selbst korrigieren und welche Schwächen kannst du in Stärken umwandeln?**

2. SIGNALE. *Erkenne die Zeichen, die mit deinem Bauchgefühl einhergehen. Gibt es weitere Hinweise außer dein Gefühl, das dich von der Entscheidung abhält, das dich verunsichert oder zweifeln lässt?*

Ist ein Widerwille vorhanden?

O JA O WEISS NICHT O NEIN

Hast du Angst?

(vor Veränderung, vor Konsequenzen, vor einem Neuanfang, vor dem Scheitern …)

O JA O WEISS NICHT O NEIN

Machst du dir zu viele Sorgen und zu viele unnötige Gedanken?

O JA O WEISS NICHT O NEIN

Vertraust du dir, deinen Fähigkeiten und dem Leben nicht?

O JA O WEISS NICHT O NEIN

Hält dich etwas anderes davon ab, dich zu entscheiden?

3. Die Botschaft. *Mach dich daran, zu verstehen, was dir deine Gefühle, Widerstände oder Assoziationen sagen möchten. Was steckt dahinter? Wer Angst hat, die falsche Entscheidung zu treffen, hat ein Problem. Die meisten Menschen fürchten sich davor, etwas falsch zu machen. Sie sind sich nicht bewusst, dass auch eine Entscheidung mit negativen Folgen eine richtige Entscheidung sein kann.*

Fällt es dir schwer, die Botschaften zu erkennen?

O JA O WEISS NICHT O NEIN

Interpretierst du in die Situation etwas hinein, was gar nicht vorhanden ist?

O JA O WEISS NICHT O NEIN

Bist du objektiv genug und frei von Vorbehalten, sodass du die Situation aus einer gesunden Distanz heraus deuten kannst?

O JA O WEISS NICHT O NEIN

4. GEGEBENHEITEN PRÜFEN. *Nun sind wir auch schon beim nächsten Schritt angelangt. Mache dir bewusst, ob du etwas einfach nur willst und dabei einen alten Wunsch verfolgst, oder ob der Wunsch realistisch ist und eine Zukunftsperspektive aufweist. Erstelle eine Liste und schreibe auf, was dafür und dagegen spricht. Dann wäge ab und schau hin, welche Seite überwiegt.*

Für

1. ______________________
2. ______________________
3. ______________________
4. ______________________
5. ______________________
6. ______________________
7. ______________________
8. ______________________
9. ______________________
10. ______________________

Wider

1. ____
2. ____
3. ____
4. ____
5. ____
6. ____
7. ____
8. ____
9. ____
10. ____

5. Abhängigkeiten analysieren.

Gehen wir nun noch etwas tiefer. Wer feststellt, dass Ängste, Widerstände oder fehlendes Vertrauen der Grund sein können, sich vor Entscheidungen zu drücken, tut Folgendes: Überprüfe deine Bindungen und das, was dich daran hindert, deinen Weg zu gehen. Das können Kinder, Eltern oder Partner sein und auch das Gefühl, in der Situation bleiben zu müssen.

Glaubst du, bis zur Pensionierung oder bis zum Lebensende in dieser Situation ausharren zu müssen? Warum?

Hast du das Gefühl, jemandem Rechenschaft ablegen zu müssen? Warum?

Überprüfe nun, ob deine Glaubenssätze auch wirklich zutreffen. Man glaubt immer zu wissen, was der andere denkt oder will, weil man es in ihn hineininterpretiert.

Ein einfaches Beispiel:

A: Kannst du bitte das Licht einschalten? B: Ich habe es absichtlich nicht eingeschaltet, weil ich meinte, dass du lieber im Dunkeln sitzt.

Man meint immer zu wissen, was der andere denkt, aber im Endeffekt haben eigene Gedanken nichts mit dem anderen zu tun. Es sind nur Annahmen, aus denen heraus gravierende Missverständnisse entstehen können.

Denke nun an die Situation oder den Menschen, die aus deiner Sicht hinderlich sind. Welchen Interpretationen gehst du eventuell auf den Leim? Könnte es eventuell anders sein, anders als du vermutest? Meine Erkenntnisse dazu:

Sind dir folgende Aussagen bekannt oder hast du das schon einmal gedacht?

Das kann man doch nicht tun!

Das gehört sich nicht!

Was würden bloß die anderen dazu sagen?

Was tun, wenn es nicht funktioniert?

Das kann ich nicht!

Das ist nicht angebracht.

○ JA ○ WEISS NICHT ○ NEIN

Überprüfe deine Glaubenssätze und deine Vorstellungen von anderen Menschen und Situationen.

Sind sie wirklich so, wie du sie siehst?

○ JA ○ WEISS NICHT ○ NEIN

Übersiehst du eventuell etwas?

O JA O WEISS NICHT O NEIN

Willst du etwas nicht sehen?

O JA O WEISS NICHT O NEIN

Bist du bereit, jetzt hinzuschauen und das Ganze objektiv zu betrachten, ohne Ablehnungen, Annahmen und schlechte Emotionen mit einzubringen?

O JA O WEISS NICHT O NEIN

6. Vergangenheit prüfen. *Auch Erinnerungen können uns davon abhalten, Veränderungen anzugehen. Je mehr schlechte Erfahrungen wir gesammelt haben, umso schwieriger wird es, sich für Neues zu öffnen. Außerdem sind Erinnerungen stets präsent und beeinflussen all unsere Entscheidungen. Überprüfe, inwieweit es in der Vergangenheit Erfahrungen gab, die dich jetzt immer noch beeinflussen und davon abhalten, neue Wege zu gehen.*

Eruiere, ob vergangene Erlebnisse deine jetzige Situation beeinflussen. Beobachte die Situation, mit der du unzufrieden bist, und erwäge eine Veränderung. Stell dir vor, was alles geschehen könnte – auch den ungünstigsten Fall oder all deine Befürchtungen. Welche Ängste kommen hoch, welche Gedanken steigen auf, und haben die Gefühle, die dich davon abhalten, es zu tun, etwas mit der Vergangenheit zu tun? Schreibe auch diese Erfahrungen auf, denn alles, was man sich von der Seele schreibt, kann man besser analysieren, um es auch loslassen zu können.

Folgende Erfahrungen halten mich in der momentanen Situation gefangen:

Frühere Erfahrungen können aber auch hilfreich und müssen nicht unbedingt hinderlich sein. Erfahrungen mit positivem Ausgang können durchweg als Entscheidungshilfe dazu beitragen, sich aus der Situation zu lösen, die schon lange nicht mehr zu einem gehört.

7. Visualisieren und Imaginieren.

Es ist besser, die Auswirkungen einer Entscheidung nicht zu stark gedanklich durchzuspielen, wenn man noch viele Zweifel hegt. Andersherum ist es, wenn man dieses Gedankenspiel gezielt einsetzt. Damit meine ich die Visualisierung oder die Imagination. Wunderbare Werkzeuge, die man gezielt einsetzen kann, um Entwicklungen in die Wege zu leiten und den Boden für eine reiche Ernte vorzubereiten.

Nutze deine Gedankenkräfte, um deine Zukunft zu gestalten. Je stärker du ein klares Ziel vor Augen siehst, umso leichter werden dir auch Entscheidungen fallen. Nimm dir einmal am Tag Zeit und widme dich deinem Ziel. Erlebe es nicht als Wunschtraum, sondern als Erfüllung. Dies bedeutet, es bereits als eingetroffen und erfüllt zu erfahren. Dies ist möglich, wenn man die Situation im inneren Bild mit allen Sinnen erlebt, es als Endergebnis betrachtet und in tiefer Dankbarkeit verabschiedet. Dies ist eine Hausaufgabe, die du ab sofort jeden Tag umsetzen kannst.

8. Umsetzen. Handeln. Tun. *Jetzt sind wir an einem Punkt angelangt, wo Entscheidungen anstehen. Geht es leicht, dann entscheide dich jetzt für die Veränderung. Sei dir immer bewusst, dass du dich nie gegen etwas entscheidest, sondern immer nur für etwas. Du entscheidest dich nicht gegen deinen Partner, sondern für etwas Neues. Du entscheidest dich nicht gegen Krankheit, sondern für Gesundheit. Du entscheidest dich nicht gegen deinen Arbeitgeber, sondern für neue Chancen. Dies solltest du nicht nur wissen, sondern auch ganz klar kommunizieren. Du tust somit in jedem Fall jedem etwas Gutes. Dein Partner kann jemand Neues kennenlernen und sich entfalten. Dein Arbeitgeber kann von einem neuen Mitarbeiter profitieren und deine Gesundheit darf stattfinden. Das Gewohnte zu verabschieden, ist ein Prozess, den man auch zelebrieren kann. Alles ist erlaubt, was dir guttut und niemand anderem schadet. Viel Glück in deiner Entscheidung!*

Hindert dich noch etwas daran, dann lass es ruhen. Vertraue dem Leben und wisse, dass der Zeitpunkt kommt, wo Veränderung geschehen wird.

9. **Genießen.** *Genieße deine Entscheidung oder genieße, dass du keine Entscheidung getroffen hast. In diesem Fall genieße, dass das Leben für dich Sorge tragen wird.*

Wenn du alle 9 Punkte beachtest und dir zu Herzen nimmst, wirst du merken, dass auch dein Selbstwertgefühl davon profitiert. Es geht nicht darum, ob und wann du eine Entscheidung triffst, sondern dass du, wenn du sie triffst, klar und offen dafür bist. Du kannst nichts falsch oder richtig machen, du kannst nur etwas tun – und was sich daraus ergibt, liegt ohnehin nicht in deiner Hand. Du kannst dich für eine Arbeitsstelle entscheiden, was aber nicht bedeutet, dass sie dir dann auch gefallen wird. Oder dich für eine Reise entscheiden, was aber nicht bedeutet, dass sie nach deinen Vorstellungen verlaufen wird und dir auch wirklich entspricht. Entscheidungen sind dazu da, um dem Leben Anweisungen zu geben. Die Richtung überlässt du am besten höheren Kräften.

Wenn du dich für nichts entscheidest, gibst du keine Anweisung und das Leben plätschert weiter vor sich hin. Bei einem dringlichen inneren Wunsch nach Veränderung ist es allerdings ratsam, der Kraft der Entscheidung zu folgen, denn das Leben kann dir immer nur das geben, was du bewusst oder unbewusst von ihm forderst. Du gibst mit einer Entscheidung sozusagen einen Auftrag an das Leben. Dies bedeutet, dass du bereit bist für eine Veränderung. Vertraue darauf, dass die Früchte für dich bestimmt sind, auch wenn sie dir nicht schmecken. Man muss auch mal eine faule Frucht aufgehoben haben, um zu wissen, dass man sie nicht essen will. So kann man die reifen Früchte mehr schätzen und sich der ungenießbaren entledigen. Niederschläge und ungute Erfahrungen haben immer einen Vorteil: Man wächst an ihnen. Außerdem kann man sich darin üben, sie nicht persönlich zu nehmen. Auch durch sie kann das Selbstimage glänzen, weil wir Schwäche in Stärke wandeln und jederzeit alles annehmen können, was uns das Leben schenkt. Die Reise durch das Leben kann uns niemand abnehmen. Wir alle gehen durch Situationen, die herausfordernd und schwierig sind. Es sind diese Schwierigkeiten, die das Leben lebenswert machen, weil sie uns zeigen, wie wertvoll es ist. Weil es uns gut geht und wir eigentlich alles haben und uns gar nichts mehr wünschen müssen.

SELBSTSICHER AUFTRETEN, SELBSTSICHER SEIN

Wünschen wir uns nicht alle ein selbstsicheres Auftreten? Wie ist meine Ausstrahlung? Bin ich sympathisch und wirke ich auf andere so, wie ich tatsächlich bin? Spüren sie meine Unsicherheit? Jeder Mensch verfügt über Selbstzweifel. Ein angemessener Auftritt ist in jeder Lebenslage empfehlenswert. Hier geht es nicht nur darum, im Geschäftsleben zu punkten, sondern im Umgang mit anderen seine Werte nach außen zu kehren. Wir müssen uns nicht verstecken. Wenn Unsicherheiten für andere spürbar werden, wird es für alle Beteiligten unangenehm. Nicht nur wir selbst fühlen uns unwohl, wir bringen auch unser Gegenüber in Verlegenheit. Unterforderte Menschen, die sich kaum neuen Herausforderungen stellen und sich gerne im Hintergrund halten, sind nicht unbedingt schüchtern. Vielleicht trauen sie sich nicht oder zweifeln, und genau das ist es, was uns für andere unscheinbar und uninteressant erscheinen lässt. Wovor wir auch immer Angst haben, wir sollten uns unseren Ängsten stellen und dem Leben offen gegenübertreten.

Was also tun, wenn man sich unsicher fühlt? Der erste Schritt ist, sich die Unsicherheit einzugestehen. Denn Selbstzweifel können jeden jederzeit übermannen und genauso wie sie gekommen sind, verschwinden sie auch wieder. Aber nicht von selbst, wenn wir uns nicht die Zeit dafür nehmen, unsere Selbstzweifel zu hinterfragen. Unsicherheit ständig zu verdrängen, kostet Kraft und Energie und es bringt nichts, etwas verbergen zu wollen. Es kommt ohnehin irgendwann ans Tageslicht und es zu vertuschen, bringt niemanden weiter. Des Weiteren ist es ein wichtiger Punkt, mit Familie, Freunden oder ebenfalls Betroffenen zu sprechen. Wenn es die Situation erlaubt, tritt mit dir selbst in einen inneren Dialog und hinterfrage dein Verhalten. Dies kann Ursachen haben, die weit zurückliegen. Meistens finden wir sie bereits in jungen Jahren. Sie sind im Kindesalter angesiedelt. Auch unangenehme Erfahrungen während der Pubertät prägen unser Leben. Diese Unsicherheit existiert jedoch nur im Kopf. Wenn wir uns nicht daran erinnern, wo ist sie dann? Es mag ein unangenehmes Gefühl hochkommen, wenn wir uns in Situationen unsicher fühlen und sich Zweifel und Unwohlsein einschleichen. Aber wenn wir die Situation und unseren Zustand genauer beobachten, werden wir bemerken, dass es nicht an der Situation liegt, dass wir uns unwohl fühlen, sondern an uns selbst. Dieser Zustand ist ja plötzlich über uns gekommen. Wenn er Stunden zuvor noch nicht da gewesen ist, wo ist er hergekommen?

Hat ihn die Situation mitgebracht? Oder der Mensch, mit dem wir gerade auf Konfrontation gehen oder mit dem wir uns im Gespräch befinden? Die Ursache kann nur in der Erinnerung liegen. Wenn irgendetwas geschieht, greift das Gehirn auf Erinnerungen zurück und ein unschönes Gefühl gesellt sich dazu. Und plötzlich sind wir mittendrin in dieser Unsicherheitsspirale oder in diesem Selbstzweifel.

Manchmal ist es so, dass unsere Unsicherheit nicht während einer Situation auftaucht, sondern wir sie schon vorher heranzüchten. Nehmen wir an, du triffst dich am nächsten Tag mit Geschäftskunden. Wenn du am Vortag schon überlegst, was du anziehen, wie du dich verhalten und was du sagen sollst, hast du die Spontaneität schon einmal untergraben. Vielleicht denkst du auch, dass du nicht gut genug vorbereitet bist, ungeeignet für dieses Gespräch oder dir Small Talk einfach nicht liegt. Dann kann ja nur noch alles schiefgehen, wenn du dir selbst nichts zutraust und nicht einmal selbst an dich glaubst. Wie willst du andere überzeugen oder beeindrucken, wenn du selbst nichts von dir hältst? Mach dich nicht kleiner, als du bist. Kehre deine Größe nach außen. Hier geht es nicht um Egoismus, sondern um ein natürliches Verhalten, in dem Selbstsicherheit, Authentizität, Klarheit und Offenheit enthalten sind.

Zur Selbsthilfe

- Erinnere dich an Situationen, in denen du gepunktet, dich wohlgefühlt und die du gut gemeistert hast. Wie waren die Umstände? Was hast du dort anders gemacht als jetzt?
- Gelungene Erfahrungen sollen immer ein Maßstab und ein Wegweiser sein und nicht die, die du fürchtest. Für deinen nächsten Auftritt, deine nächste Begegnung ist es wichtig, die Erinnerungen im Hinterkopf zu behalten, die für dich und insgesamt angenehm und erfreulich waren.
- Mach dir Notizen und fasse dein Gesprächsziel ins Auge. Lege vorab fest, wie alles verlaufen soll, indem du einen inneren Dialog mit dir führst. Das schriftliche Festhalten ist deswegen so hilfreich, weil man die Unterlagen immer wieder durcharbeiten kann. Während des Lesens kommen einem immer wieder neue Ergänzungen in den Sinn.
- Sprich mit dir und anderen in ganzen Sätzen. Stichwörter sind oft nicht ausreichend, dadurch wird einiges verschluckt. Du kennst den Spruch, dass halbe Sätze oft nur halbe Aussagen beinhalten und deshalb solltest du bewusst darauf achten, deine Gedanken vollends auszuführen.
- Lass dich von deinen Unsicherheiten nicht ablenken, solange sie nicht geklärt und abgebaut sind.

Überspiele deine Unsicherheit nicht, indem du glaubst, mehr reden und wissen zu müssen. Gib ruhig einmal zu, über etwas nicht informiert zu sein. Das macht nebenbei auch noch sympathisch. Schwächen zu zeigen, bedeutet Schwächen in Stärken umzuwandeln. Ich traf einmal einen Mathematiklehrer, der wirklich alles wusste. Zumindest habe ich das so empfunden. Irgendwann fragte er mich, ob ich ihm helfen könnte, weil er unsicher wäre, ob seine Aussage korrekt sei. Das hat mich zutiefst beeindruckt. Ich habe den Menschen noch einmal mit anderen Augen gesehen, weil er keinen Hehl daraus machte, unsicher zu sein. Seine Unsicherheit wurde zum Sympathiemerkmal und ich muss zugeben, dass mich diese Erfahrung nicht nur beeindruckt, sondern auch verändert hat. Daraufhin habe ich in vielen Situationen einfach gesagt, dass ich etwas nicht weiß, und wenn andere Menschen mir geholfen haben, spürte ich, wie glücklich sie dabei waren. Und sie entwickelten dadurch Selbstvertrauen. Indem ich zugegeben habe, dass ich etwas nicht weiß, habe ich anderen Selbstvertrauen geschenkt. Ist das nicht wunderbar? Versuche es selbst. Es ist einfach nur wunderbar.

Ich fühle mich unsicher:

○ NIE ○ SELTEN ○ MANCHMAL

○ OFT ○ IMMER

Ich glaube, dass meine Unsicherheit oder meine Selbstzweifel durch folgendes Erlebnis stark geprägt wurden:

____

____

____

____

____

Habe ich in dieser Situation etwas falsch gemacht? Hätte ich etwas anders machen können?

Ignoriere diese Fragen und schreibe auf, was du heute anders machen würdest oder glaubst, anders machen zu können:

____

____

____

Abgesehen davon, dass du damals die Reife nicht hattest und ein anderer Mensch warst, höre damit auf, so streng zu dir zu sein. Du hast alles richtig gemacht. Du konntest damals nicht anders handeln und niemand weiß, wozu es gut war. So wie es ist, ist es richtig und alles, was geschehen ist, gehört zu deinem Leben. Es ist ganz gleich, ob du es als negativ oder positiv betrachtest. Fakt ist, es gehört zu dir. Die gute Nachricht ist, dass es zu deiner Persönlichkeit gehört. Eine weitere gute Nachricht ist, dass du diese Persönlichkeit nicht bist, sondern dich nur über sie definierst. Alles, was mit der Persönlichkeit zu tun hat, hat sich im Laufe der Jahre zu deinem Leben geformt. Die Persönlichkeit ist eine Form. Gehe über diese Form hinaus und erkunde deine Innenwelt. Du bist viel mehr als eine Person, und was auch immer dich beschäftigt oder dir das Leben erschwert, dein innerer Kern ist mit sich im Reinen.

ZUM SCHLUSS

Ganz gleich, wonach du suchst oder was dir fehlt, sei bemüht darum, dir selbst zu genügen. Wir haben nun viele Begriffe kennengelernt, die mit der Silbe Selbst beginnen. Aber was heißt eigentlich Selbst? Laut Wissenschaft wird das gesamte Sein einer Person als deren Individualität verstanden. Hierin wird zwischen dem öffentlichen und dem privaten Selbst unterschieden. Wie wir von anderen wahrgenommen werden und wie wir uns anderen gegenüber zeigen und mitteilen, wird als das öffentliche Selbst bezeichnet. Kenntnisse, Bedürfnisse und Wahrnehmungen, die mit dem Inneren einer Person zu tun haben, werden als privates Selbst tituliert. Dies sagt die Wissenschaft – und was sagst du?

Aus spiritueller Hinsicht sieht das Ganze etwas anders aus. Das Selbst ist das, was nicht fassbar ist. Es ist das Unsichtbare, das sich hinter dem Ich verbirgt, das, was die Person darstellen soll. Die Individualität gehört zur Person und diese definiert sich über die Sinne. Zu dieser Person gehören Gefühle und Gedanken, weil sich diese Person damit identifiziert. Doch all das hat mit dem Selbst eigentlich nichts zu tun. Das Selbst könnte man auch als Antrieb aller Dinge bezeichnen, die Kraft, die in jedem Lebewesen lebt und durch sie wirkt. Weder die wissenschaftliche Sicht noch die spirituelle lassen sich beweisen. Das ist gut, denn verstehen kann man beide nicht. Wichtig ist, dass wir wissen, was wir darunter verstehen. Selbstbewusstsein kann als bestimmende und als eine bestimmte Eigenschaft verstanden oder auch als das höhere Selbst angesehen werden. Ein Selbst kann nicht zu Bewusstsein kommen, das kann nur das Ich. Ich mag alle Wörter, die mit Selbst beginnen, weil sie auf etwas Größeres hinweisen und wir es in uns finden müssen. Es lässt sich weder anfassen noch analysieren, doch man kann sich darin finden.

Jedem Menschen steht Selbstvertrauen zu und jeder Mensch würde sich selbst vertrauen, wenn er sich bewusst wäre, welche Fähigkeiten ihm innewohnen. Viele Menschen entdecken nach und nach, dass es mehr gibt, als sie verstehen können und dass Himmel und Erde kein Maßstab sind für Zufriedenheit und Glück. Nach Erfolg, Einfluss, Leistung und Führung zu streben, ist nicht verkehrt, aber führt ganz gewiss nicht zur Erfüllung. Es ist ein toller Nebeneffekt im Leben, aber auch anstrengend und irgendwie hohl. Wir können eine gewisse Zeit Freude daran haben, bemerken aber irgendwann, dass es uns nicht wirklich glücklich macht. Wer sein Selbstimage aufpoliert, hat nicht wirklich etwas, womit er glänzen kann. Und der Glanz liegt nicht in materiellen Gütern, Besitztum oder Prunk, sondern in den einfachen Dingen. Die Selbsterkenntnis ist die Erkenntnis über das Selbst und nicht über sich selbst. Doch bevor wir das Ich als Irrtum entlarven, braucht es die Erkenntnis über sich selbst. Warum? Weil das menschliche Dasein und der menschliche Körper sozusagen die Eintrittskarte in das unsichtbare Reich der Fülle sind. Nur über den Körper können wir uns weiterentwickeln und erwachen, da dies vom Leben so vorgesehen ist. Das Lebensfeld will belebt werden. Es braucht uns, weil es sonst keinen Beweis für seine Existenz gäbe.

Sei selbstsicher und stark. Sei voller Selbstvertrauen. Liebe dich selbst und öffne dich deinem Selbst. Dafür musst du nichts tun, sondern dich nur vom Ich lösen. Du musst es nicht ablegen, sondern dich nur von deiner Vorstellung über das Ich abnabeln. Das Ich ist etwas Wunderbares. Wie viele Menschen schimpfen über das Ego. Es sei schlecht und es stünde uns bei unserer Bewusstwerdung nur im Weg. Ohne Ego könnten wir nicht existieren. Wenn jemand deinen Namen ruft, würdest du dich nicht umdrehen, wenn du kein Ego mehr hättest. Man ruft dich bei deinem Namen und du reagierst. Das ist die menschliche Seite. Die göttliche

Seite ist nicht als Gegenpol zu verstehen, sondern als Gesamtheit anzusehen. Dies bedeutet, dass alles, was ist, diesen göttlichen Aspekt in sich trägt. Alles muss eine Ursache haben, sonst gäbe es keine Wirkung. Wo die Quelle aller Ursachen liegt, wohnt nicht das Glück, sondern die Glückseligkeit. Sie ist unser eigentlicher Zustand. Sie ist das Selbst.

ÜBER DEN AUTOR

Kurt Tepperwein, 1932 in Lobenstein geboren, widmete sich nach langjähriger Unternehmensberater- und Heilpraktikertätigkeit voll und ganz dem Mysterium Leben. Er studierte Kulturen und Philosophien auf verschiedenen Kontinenten und an den unterschiedlichsten Orten der Welt.

Als Bewusstseinsforscher, Seminarleiter und Autor unzähliger Werke sieht er seine Aufgabe darin, das allumfassende Wissen sowie seine wertvollen Erkenntnisse mit spirituell Interessierten und nach dem Lebenssinn suchenden Menschen zu teilen. Seine Fähigkeit, Menschen zu begeistern und zu faszinieren, hat er sich nicht angeeignet oder angelernt, sie basiert auf eigenen Erfahrungen. Seine Authentizität und Hingabe an das Lebensthema Nr. 1, »Zufriedenheit und Erfüllung im Alltag zu erfahren«, transportieren das Wesentliche und begeistern.

Kurt Tepperwein versteht es wie kaum ein anderer, die materielle und geistige Sicht der Dinge zu vereinen und sie in einer harmonischen Ganzheit zu betrachten. Ergänzend zu mehr als 80 Büchern, unzähligen DVDs und Audio-CD-Aufnahmen erreichen seine beliebten Kompakt-Ausbildungslehrgänge (z. B. Lebens-, Intuitions-, Mental- oder Kausal-Berater, Coach und Trainer) nicht nur Topmanager und Spitzensportler, er spricht mit seinem natürlichen und lebensbejahenden Wesen jeder Alters- und Berufsgruppe aus dem Herzen.

Kurt Tepperwein

Ein neuer Mensch in einem Tag

Werde, was du schon immer sein wolltest! Kurt Tepperwein enthüllt uns eine schnelle und einfache Methode, um zu dem zu werden, der wir schon immer sein wollten – mit einem sicheren Auftreten, Leichtigkeit und einer faszinierenden Strahlkraft, die uns und unser Leben in eine völlig neue Richtung katapultieren werden, an Orte, von denen wir schon immer geträumt haben. Eine ganze Reihe praktischer Tipps machen uns Schritt für Schritt zum Gewinner und zeigen uns, wie wir durch ein paar simple Änderungen das Maximum aus uns selbst herausholen können! Es ist nur ein Schritt ins wahre Leben, aber ein Sprung in der Ent-Wicklung.

144 Seiten, broschiert · ISBN 978-3-96933-067-8 · € [D] 12,00

Kurt Tepperwein

Mentales Augentraining

Wege zum besseren sehen

Kurt Tepperwein öffnet seinen Lesern wortwörtlich die Augen, wenn es darum geht zu verstehen, warum wir Sehschwächen und -krankheiten haben und was wir alles sehen könnten, wenn wir uns nur einiger Methoden bedienten, die nicht nur unsere Augen, sondern auch unsere Seelen heilen.

Insgesamt können wir mit diesem Augentraining zu einem bewussteren und klareren Blick in die Welt und auf unser Leben gelangen – denn unser Bewusstsein und die Sehschärfe unserer Augen bedingen sich gegenseitig.

Eine außergewöhnliche Methode, die Ihre Sehfähigkeit steigern und Ihnen einen schärferen Einblick in Ihre eigene Persönlichkeit geben wird.

128 Seiten, broschiert · ISBN 978-3-96933-069-2 · € [D] 15,00

Kurt Tepperwein

Was immer du willst!

Magnetisch anziehen, was Freude macht

Jeder Mensch besitzt magnetische Kräfte. Er strahlt nicht nur etwas aus, sondern verfügt auch über eine unbewusste Anziehungskraft. Mit Hilfe dieses Buches zeigt Ihnen Kurt Tepperwein, wie Sie Ihre Sinne schärfen und Ihre Magnetkräfte aktivieren können, um Ihrem Leben eine Richtung zu geben, die nicht nur befriedigend ist, sondern die Sie wirklich zufrieden und glücklich macht. Wenn Sie also magnetisch anziehen wollen, was Freude macht, und sich nebenbei von alten Gewohnheiten trennen möchten, halten Sie das absolut richtige Buch in der Hand. Es ist an der Zeit, dass Sie bekommen, was immer Sie wollen!

136 Seiten, broschiert · ISBN 978-3-89845-608-1 · € [D] 14,00

Kurt Tepperwein

Leben wie Little Buddha

Das Leben durchschauen und die Forschungsreise ins eigene Bewusstsein wagen, um unsere wahre Identität zum Vorschein zu bringen und das Außergewöhnliche im Alltag zu erleben.

Um mühelos und dankbar die Kunst des Manifestierens und der Selbstheilung zu erlernen und immer die richtige Entscheidung zu treffen, liefert dieses Buch das nötige Werkzeug in Form von praxisbezogenem Training, das uns zu unserem wahren Sein führt – durch die bewusste Ausrichtung unserer Aufmerksamkeit auf das, was sein soll. Erwachen in ein Bewusstsein, das grenzenlos und allumfassend ist, das alles kann, alles ist und alles weiß.

160 Seiten, 2-farbig, broschiert, mit abgerundeten Ecken
ISBN 978-3-89845-676-0 · € [D] 11,00

Kurt Tepperwein

Entdecke dich neu und werde glücklich

Was macht Sie glücklich? Ein schöner Urlaub, eine Gehaltsaufbesserung oder ein neuer Lebenspartner? Die Jagd nach dem Glück ist so alt wie die Menschheit selbst. Aber was ist Glück? Und wer weiß wirklich, wie man es erlangen kann?

Ratschläge für ein besseres Leben gibt es zur Genüge, doch oft bleibt es bei leeren Versprechungen. Bestsellerautor Kurt Tepperwein wagt sich nun mit Humor und Tiefe an das Thema und zeigt, wie wir dem Leben eine neue Richtung geben und uns regelrecht auf Erfolg programmieren können. In kurzweiligen Übungen lernen Sie, was Sie sich wirklich ersehnen, erhoffen und wünschen. Und was Sie tunlichst unterlassen sollten, um das Glück nicht zu vertreiben.

160 Seiten, 2-farbig, broschiert, mit abgerundeten Ecken
ISBN 978-3-89845-628-9 · € [D] 11,00

Melani B

Wortinspirationen für neue Blickwinkel

Tagesimpulse, um ins Tun zu kommen

Erlebe dich neu!
Lass dich durch die bunte Vielfalt der Wortinspirationen berühren.
Durch eigene Eintragungen unter den Impulsen hast du die wundervolle Möglichkeit, Anregungen, neue Sichtweisen und Ideen sowie einen klaren Blick für eigenes Erfühlen, Erkennen und Handeln zu gewinnen. Eine spannende Reise zu dir selbst beginnt. Denn die beste Zeit ist immer jetzt. Neue Blickwinkel lohnen sich immer!

144 Seiten, 2-farbig, broschiert · ISBN 978-3-89845-667-8 · € [D] 10,00

Jan Geurtz

Süchtig nach Liebe

Ein Weg zu Selbstakzeptanz und Glück in Beziehungen

Die Suche nach Liebe und Anerkennung entsteht durch Selbstablehnung, die wir durch Wertschätzung anderer und eine erfolgreiche Liebesbeziehung kompensieren. Doch das Gegenteil tritt ein: Unsicherheit und Abhängigkeit machen uns süchtig nach Liebe, Anerkennung und der Sicherheit einer Beziehung. Darum scheitern die meisten Beziehungen und verkümmern zu einem Zusammensein ohne Wachstum und Glück.
Wandeln Sie Ihr Bedürfnis nach Liebe und Anerkennung um in ein bedingungsloses und dauerhaftes Glück.

272 Seiten, broschiert · ISBN 978-3-96933-056-2 · € [D] 22,00

Franziska Krattinger

Triff deine Vergangenheit, verstehe deine Gegenwart, erschaffe deine Zukunft

Dein Pentagramm des Lebens

Ist unser Schicksal vorbestimmt oder können wir es beeinflussen? Jede Seele tritt ihr Leben nach einem vorgewählten Programm an, nach welchem sie den Sinn ihres Daseins erkennen und sich von Ängsten und Zwängen befreien kann. Dadurch werden wir die Lösung für unsere Probleme finden, uns selbst befreien und unser Leben neu bestimmen.
Mit der Pentagramm-Analyse werden wir unsere Vergangenheit verstehen, unsere Gegenwart annehmen und unserer Zukunft begegnen. Befreie deine Gefühle und erkenne deine Stärke, Kraft und Möglichkeiten.

528 Seiten, gebunden · ISBN 978-3-96933-061-6 · € [D] 36,00

Weiterführende Informationen zu
Büchern, Autoren und den Aktivitäten
des Silberschnur Verlages erhalten Sie unter:
www.silberschnur.de

Natürlich können Sie uns auch gerne den
Antwort-Coupon aus dem beiliegenden
Lesezeichenflyer zusenden.

Ihr Interesse wird belohnt!